Deutsche Lyrik

Deutsche Lyrik

Selected and Edited by
KONRAD SCHAUM
PRINCETON UNIVERSITY

General Editor: Jack M. Stein, *Harvard University*

NEW YORK
W·W·NORTON & COMPANY INC·

COPYRIGHT © 1963 BY W. W. NORTON & COMPANY INC.

FIRST EDITION

Stefan George, *Werke* · Ausgabe in zwei Bänden · Verlag Helmut Küpper vormals Georg Bondi. Düsseldorf—München, 1958.

Hugo von Hofmannsthal, *Gesammelte Werke, Gedichte und lyrische Dramen*, S. Fischer Verlag, Frankfurt a.M., 1952.

Rainer Maria Rilke, *Der ausgewählten Gedichte erster Teil*, Insel-Bücherei, Band 400, *Die Sonette an Orpheus*, Insel-Bücherei, Band 115, Insel Verlag, Frankfurt a.M.

Gottfried Benn, *Gesammelte Gedichte*, Limes Verlag, Wiesbaden & Verlag der Arche, Zürich, 1957.

Georg Trakl, *Gesammelte Werke, Bd. I, Die Dichtungen*, Otto Müller Verlag, Salzburg, 1948.

Bertolt Brecht, *Gedichte*, Suhrkamp Verlag, Frankfurt a.M., 1960-61.

Library of Congress Catalog Card No. 63-8037

PRINTED IN THE UNITED STATES OF AMERICA

Contents

INTRODUCTION	9
Johann Wolfgang von Goethe	12
WILLKOMMEN UND ABSCHIED 12	
SEEFAHRT 14	
AN DEN MOND 16	
GESANG DER GEISTER ÜBER DEN WASSERN 18	
SELIGE SEHNSUCHT 20	
Friedrich von Schiller	22
AN DIE FREUDE (1-4) 22	
DER PILGRIM 26	
SPRÜCHE DES KONFUZIUS II 28	
Friedrich Hölderlin	28
HYPERIONS SCHICKSALSLIED 28	
LEBENSLAUF 30	
HÄLFTE DES LEBENS 32	
Novalis (Friedrich von Hardenberg)	32
HYMNE 32	
Clemens Brentano	36
SPRICH AUS DER FERNE 36	
NACHKLÄNGE BEETHOVENSCHER MUSIK 38	
Joseph von Eichendorff	42
NACHTS 42	
MONDNACHT 42	
DIE HEIMAT 44	

6 / *Deutsche Lyrik*

Heinrich Heine 44

SIE SASSEN UND TRANKEN AM TEETISCH 44
RÜCKSCHAU 46

Annette von Droste-Hülshoff 48

DAS SPIEGELBILD 48

Eduard Mörike 52

UM MITTERNACHT 52
AN DIE GELIEBTE 52

Friedrich Hebbel 54

NACHTLIED 54
ICH UND DU 54
SOMMERBILD 56

Theodor Storm 56

MEERESSTRAND 56
ÜBER DIE HEIDE 58

Gottfried Keller 58

AN DAS HERZ 58
SCHÖNE BRÜCKE 60

Conrad Ferdinand Meyer 62

DER RÖMISCHE BRUNNEN 62
ZWEI SEGEL 62
IM SPÄTBOOT 64

Friedrich Nietzsche 64

VEREINSAMT 64
DAS TRUNKENE LIED 66

Stefan George 68

KOMM IN DEN TOTGESAGTEN PARK UND SCHAU 68
VORSPIEL I 68

Hugo von Hofmannsthal 70
DIE BEIDEN 70
DEIN ANTLITZ 70
BALLADE DES ÄUSSEREN LEBENS 72
MANCHE FREILICH . . . 74

Rainer Maria Rilke 74
HERBSTTAG 74
DER PANTHER 76
DAS KARUSSELL 76
LIEBESLIED 78
TODESERFAHRUNG 80

Gottfried Benn 80
ASTERN 80
FRAGMENTE 82
GEDICHT 84
VERLORENES ICH 86

Georg Trakl 88
VERFALL 88
VERKLÄRTER HERBST 88
GESANG DER ABGESCHIEDENEN 90

Bertolt Brecht 90
VOM ARMEN B.B. 90
ERINNERUNG AN DIE MARIE A. 94

Introduction

This collection of poems is intended to supplement the choice of literary texts available for the various levels of German instruction. It is being recognized more and more that lyric poetry is particularly suitable to introduce the student to significant and complete masterpieces of literature during an early stage of his language study and to acquaint him with representative forms of poetic expression that could not be gained from other readings. Such an acquaintance, limited as it may be, will be of particular value to many students whose encounter with German has to be relatively brief and who are primarily interested in acquiring adequate language skills. Therefore only those poems have been selected whose poetic imagery and distinctive lyric diction are characteristic of the most important poets and their times. This should enable the student to become familiar with some unique artistic achievements of the language which he is striving to master.

Most of the poems included in this collection are not exceptionally difficult from a linguistic point of view, but it is obvious that a relatively clear and simple syntactic structure does not always permit an immediate grasp of the essential "meaning" of a poem. Since it always involves different realms of human potential and because its associative elements tend to transcend every direct relation of concept and meaning, lyric poetry demands a far more intensive and active participation than other literary genres. "Lyric reality" manifests itself within the unity of a poetic imagery whose origin and effect depend upon the activity of several inner faculties. Experience and feeling, the sphere of empirical perception and of psychological impulses, constitute a variety of forces in the poetic process and result in a continually new, original, and incomparable order of linguistic diction. This order may be different from our given concepts of truth and beauty, though not in absolute contrast to them. It will always contain, however, the element of dynamic development. This creative function, the essence of the symbolic quality of language, gains spiritual reality if it establishes a meaningful context of the different dimensions and possibilities of our lives. Yet, the lyric poet never explains anything. He bears witness to significant inner occurrences, discovers new perspectives, illuminates fundamental principles of our changing existence. Such an immediate inner activity can neither be an object of rational deliberation nor of mere irrational sensitivity; it requires the participation of all our potentials in the creative process.

The whole of a poetic phenomenon must be sought beyond the subject matter and the content, i.e., not in the "what" of motivation, but in the "how" and the intrinsic context of the entire composition. If our act of empathy is to be sensible and productive, then this structural unity must constitute a higher concept of human truth which cannot be adequately expressed by an idea or figure. Our opinions may vary about the meaning of individual words, or the extent and appropriateness of the motivating content, but in matters of the total arrangement of formal qualities only the unique poetic structure dominates, and every interpretation is necessarily a mere approximation of the actual meaning.

Yet, for the human soul the "secret of form" is obvious: it is the actual event of establishing a more significant attitude, of realizing wider possibilities of life. This event can be sad or joyful, depressing or liberating, illuminating or obscuring, but its aim is always to reveal lasting foundations of man's existence. Novalis assures us that "ein Gesicht, ein Stern, eine Gegend, ein alter Baum . . . kann Epoche in unserem Innern machen." The essential is not to be found within or beyond the objective empirical world, but in man's own heart. Our contact with lyric poetry may thus not lead to distinct ideas, but rather to a greater awareness of the essential possibilities of inner forces which are continuously shaping and reshaping our lives.

Deutsche Lyrik

Johann Wolfgang von Goethe
1749-1832

WILLKOMMEN UND ABSCHIED

Es schlug mein Herz, geschwind zu Pferde!
Es war getan fast eh gedacht.
Der Abend wiegte schon die Erde,
Und an den Bergen hing die Nacht;
Schon stand im Nebelkleid die Eiche,
Ein aufgetürmter Riese, da,
Wo Finsternis aus dem Gesträuche
Mit hundert schwarzen Augen sah.

Der Mond von einem Wolkenhügel
Sah kläglich aus dem Duft hervor,
Die Winde schwangen leise Flügel,
Umsausten schauerlich mein Ohr;
Die Nacht schuf tausend Ungeheuer,
Doch frisch und fröhlich war mein Mut:
In meinen Adern welches Feuer!
In meinem Herzen welche Glut!

Dich sah ich, und die milde Freude
Floß von dem süßen Blick auf mich;
Ganz war mein Herz an deiner Seite
Und jeder Atemzug für dich.
Ein rosenfarbnes Frühlingswetter
Umgab das liebliche Gesicht,
Und Zärtlichkeit für mich — ihr Götter!
Ich hofft es, ich verdient es nicht!

der Abschied, -e *departure*

geschwind *quick*
fast *almost* · eh(e) *before*
wiegen *rock to sleep*

das Nebelkleid, -er *shroud of fog* · die Eiche, -n *oak*   5
auftürmen *tower* · der Riese, -n *giant*
die Finsternis, -se *darkness* · das Gesträuch, -e *shrubbery*

der Wolkenhügel, — (*poet.*) *hill of clouds*
kläglich *dolefully, plaintively* · der Duft, ⸚e (*poet.*) *vapor*
schwingen, a,u *move, sway* · der Flügel, — *wing*   10
umsausen *howl around* · schauerlich *gruesomely, awfully*
schaffen, u,a *create* · das Ungeheuer, — *monster, monstrous apparition*
der Mut *spirit, courage*
die Ader, -n *vein*
die Glut, -en *ardor, passion*   15

milde Freude (*poet.*) *gentle joy*
der Blick, -e *glance*

der Atemzug, ⸚e *breath*
das Frühlingswetter (*poet.*) *atmosphere of spring (metaphor of radiating youth,*
umgeben, a, e *surround*   *beauty, and love)*   20
die Zärtlichkeit, -en *affection, tenderness*
verdienen *deserve*

Doch ach, schon mit der Morgensonne
Verengt der Abschied mir das Herz:
In deinen Küssen welche Wonne!
In deinen Augen welcher Schmerz!
Ich ging, du standst und sahst zur Erden,
Und sahst mir nach mit nassem Blick:
Und doch, welch Glück, geliebt zu werden!
Und lieben, Götter, welch ein Glück!

SEEFAHRT

Lange Tag' und Nächte stand mein Schiff befrachtet;
Günstger Winde harrend, saß mit treuen Freunden,
Mir Geduld und guten Mut erzechend,
Ich im Hafen.

Und sie waren doppelt ungeduldig:
Gerne gönnen wir die schnellste Reise,
Gern die hohe Fahrt dir; Güterfülle
Wartet drüben in der Welten deiner,
Wird Rückkehrendem in unsern Armen
Lieb und Preis dir.

Und am frühen Morgen wards Getümmel,
Und dem Schlaf entjauchzt uns der Matrose,
Alles wimmelt, alles lebet, webet,
Mit dem ersten Segenshauch zu schiffen.

Und die Segel blühen in dem Hauche,
Und die Sonne lockt mit Feuerliebe;
Ziehn die Segel, ziehn die hohen Wolken,
Jauchzen an dem Ufer alle Freunde
Hoffnungslieder nach, im Freudetaumel
Reisefreuden wähnend, wie des Einschiffmorgens,
Wie der ersten hohen Sternennächte.

Aber gottgesandte Wechselwinde treiben
Seitwärts ihn der vorgesteckten Fahrt ab,
Und er scheint sich ihnen hinzugeben,
Strebet leise sie zu überlisten,
Treu dem Zweck auch auf dem schiefen Wege.

verengen *contract, depress*
die Wonne, –n *bliss, rapture*

naß *wet, tearful*

befrachten *load*
günstig *favorable, propitious* · harren *wait for*
die Geduld *patience* · der Mut *courage, spirit* · sich erzechen *drink*

ungeduldig *impatient*
gönnen *not to grudge, wish*
die Fahrt, –en *passage, voyage* · die Güterfülle *abundance of goods or fortune*
drüben *beyond, over there*
der Rückkehrende, –n *the returning person*
der Preis, –e *reward, praise*

das Getümmel, — *bustle, turmoil*
dem Schlaf entjauchzt (*poet.*) *arouses by exuberant shouts of joy* · der Matrose,
wimmeln *teem, be alive* · weben *move, be active*   –n *sailor*
der Segenshauch (*poet.*) *prosperous breeze*

das Segel, — *sail* · blühen (*poet.*) *swell* · der Hauch, –e *breeze*
locken *entice, allure*
ziehen, o,o *draw*
jauchzen Hoffnungslieder nach (*poet.*) *joyfully present songs* · das Ufer, —
der Freudetaumel *ecstasy of joy*   *shore*
wähnen *anticipate, imagine* · der Einschiffmorgen *morning of embarkation*

der Wechselwind, –e *shifting winds*
vorgesteckt *planned, projected*
sich hingeben, a,e *resign oneself to, yield*
streben *strive* · überlisten *outwit*
der Zweck, –e *purpose, goal* · schief *crooked*

Aber aus der dumpfen grauen Ferne
Kündet leisewandelnd sich der Sturm an,
Drückt die Vögel nieder aufs Gewässer,
Drückt der Menschen schwellend Herz darnieder;
Und er kommt. Vor seinem starren Wüten
Streckt der Schiffer klug die Segel nieder,
Mit dem angsterfüllten Balle spielen
Wind und Wellen.

Und an jenem Ufer drüben stehen
Freund' und Lieben, beben auf dem Festen:
Ach, warum ist er nicht hier geblieben!
Ach, der Sturm! Verschlagen weg vom Glücke!
Soll der Gute so zugrunde gehen?
Ach, er sollte, ach, er könnte! Götter!

Doch er stehet männlich an dem Steuer:
Mit dem Schiffe spielen Wind und Wellen,
Wind und Wellen nicht mit seinem Herzen.
Herrschend blickt er auf die grimme Tiefe
Und vertrauet, scheiternd oder landend,
Seinen Göttern.

AN DEN MOND

Füllest wieder Busch und Tal
Still mit Nebelglanz,
Lösest endlich auch einmal
Meine Seele ganz;

Breitest über mein Gefild
Lindernd deinen Blick,
Wie des Freundes Auge mild
Über mein Geschick.

Jeden Nachklang fühlt mein Herz
Froh- und trüber Zeit,
Wandle zwischen Freud und Schmerz
In der Einsamkeit.

dumpf *gloomy*
sich ankündigen *announce* · leisewandelnd *slightly moving*
niederdrücken *press down*

starr *obstinate* · das Wüten *raging*
niederstrecken *shorten (sails), cut down* · klug *wise, prudent*
angsterfüllt *filled with fear*
die Welle, –n *wave*

beben *tremble* · das Feste *solid ground*

verschlagen, u,a *drive off one's course* · das Glück *fortune*
zugrundegehen, i,a *perish*

das Steuer, — *helm*

herrschen *master, dominate* · grimm(ig) *furious, fierce*
vertrauen *trust, rely upon* · scheitern *run aground, be wrecked*

das Tal, ⸚er *valley*
der Nebelglanz (*poet.*) *lustre of mist, misty splendour*
lösen *free, relax* · endlich *finally*

breiten *spread, extend* · das Gefild (*poet.*) *domain, realm*
lindern *soothe, alleviate*

das Geschick, –e *destiny, fate*

der Nachklang, ⸚e *resonance, reverberation*
trüb(e) *gloomy, sad*
wandeln *walk, wander*
die Einsamkeit, –en *solitude, loneliness*

Fließe, fließe, lieber Fluß!
Nimmer werd ich froh,
So verrauschte Scherz und Kuß,
Und die Treue so.

Ich besaß es doch einmal,
Was so köstlich ist!
Daß man doch zu seiner Qual
Nimmer es vergißt!

Rausche Fluß, das Tal entlang,
Ohne Rast und Ruh,
Rausche, flüstre meinem Sang
Melodien zu,

Wenn du in der Winternacht
Wütend überschwillst,
Oder um die Frühlingspracht
Junger Knospen quillst.

Selig, wer sich vor der Welt
Ohne Haß verschließt,
Einen Freund am Busen hält
Und mit dem genießt,

Was, von Menschen nicht gewußt
Oder nicht bedacht,
Durch das Labyrinth der Brust
Wandelt in der Nacht.

GESANG DER GEISTER ÜBER DEN WASSERN

Des Menschen Seele
Gleicht dem Wasser:
Vom Himmel kommt es,
Zum Himmel steigt es,
Und wieder nieder
Zur Erde muß es,
Ewig wechselnd.

fließen, o,o *flow*
nimmer *never*
verrauschen *die or fade away* · der Scherz, –e *pleasantry, jest*
die Treue *faithfulness*

besitzen, a,e *possess*
köstlich *precious*
die Qual, –en *torment, agony*

rauschen *roar, rush*
ohne Rast und Ruh *restlessly*
zuflüstern *whisper*

wütend *raging* · überschwellen, o,o *swell over*
die Frühlingspracht *splendor of spring*
die Knospe, –n *bud* · quellen, o,o *gush, flow*

selig *blissful, happy*
der Haß *hatred* · sich verschließen, o,o *close, keep aloof*
der Busen, — *bosom*
genießen, o,o *enjoy*

bedenken, a,a *consider, weigh*

der Geist, –er *spirit*

gleichen, i,i *resemble, be like*

steigen, ie,ie *ascend, rise*
nieder *down*

wechseln *change*

Strömt von der hohen,
Steilen Felswand
Der reine Strahl,
Dann stäubt er lieblich
In Wolkenwellen
Zum glatten Fels,
Und leicht empfangen
Wallt er verschleiernd,
Leisrauschend
Zur Tiefe nieder.

Ragen Klippen
Dem Sturz entgegen,
Schäumt er unmutig
Stufenweise
Zum Abgrund.

Im flachen Bette
Schleicht er das Wiesental hin,
Und in dem glatten See
Weiden ihr Antlitz
Alle Gestirne.

Wind ist der Welle
Lieblicher Buhler;
Wind mischt vom Grund aus
Schäumende Wogen.

Seele des Menschen,
Wie gleichst du dem Wasser!
Schicksal des Menschen,
Wie gleichst du dem Wind!

SELIGE SEHNSUCHT

Sagt es niemand, nur den Weisen,
Weil die Menge gleich verhöhnet:
Das Lebendge will ich preisen,
Das nach Flammentod sich sehnet.

strömen *stream, gush*
steil *steep, precipitous* · die Felswand, ⸚e *cliff*
rein *pure, clear* · der Strahl, –en *jet*
stäuben *spray* · lieblich *delightfully, entrancingly*
die Wolkenwelle, –n (*poet.*) *cloudy wave of vapor*
glatt *smooth* · der Fels, –en *rock*
empfangen, i,a *receive*
wallen *flow, undulate* · verschleiern *veil*
leisrauschend *gently rustling, murmuring*

entgegenragen *protrude, stand out against* · die Klippe, –n *crag*
der Sturz, ⸚e *fall, descent*
schäumen *foam* · unmutig *angrily*
stufenweise *step by step, gradually*
der Abgrund, ⸚e *abyss*

flach *flat, shallow*
schleichen, i,i *steal, creep* · das Wiesental, ⸚er *valley of meadows*
glatt *smooth* · der See, –n *lake*
weiden (*poet.*) *mirror, bathe, gaze upon* · das Antlitz, –e *countenance*
das Gestirn, –e *heavenly body, constellation*

der Buhler (*poet.*) *lover, paramour*

die Woge, –n *wave, billow*

das Schicksal, –e *fate, destiny*

selig *blissful* · die Sehnsucht *longing, yearning*

die Menge, –n *crowd, mob* · verhöhnen *mock, scoff*
das Lebend(i)ge, –n *everything alive* · preisen, ie, ie *praise, extol*
der Flammentod, –e *death in flames* · sich sehnen *long, yearn*

In der Liebesnächte Kühlung,
Die dich zeugte, wo du zeugtest,
Überfällt dich fremde Fühlung,
Wenn die stille Kerze leuchtet.

Nicht mehr bleibest du umfangen
In der Finsternis Beschattung,
Und dich reißet neu Verlangen
Auf zu höherer Begattung.

Keine Ferne macht dich schwierig,
Kommst geflogen und gebannt,
Und zuletzt, des Lichts begierig,
Bist du, Schmetterling, verbrannt.

Und so lang du das nicht hast,
Dieses: Stirb und werde!
Bist du nur ein trüber Gast
Auf der dunklen Erde.

Friedrich von Schiller
1759-1805

AN DIE FREUDE
(1 – 4)

Freude, schöner Götterfunken,
Tochter aus Elysium,
Wir betreten feuertrunken,
Himmlische, dein Heiligtum.
Deine Zauber binden wieder,
Was die Mode streng geteilt,
Alle Menschen werden Brüder,
Wo dein sanfter Flügel weilt.

die Kühlung, -en   *coolness*
zeugen   *beget, produce*
überfallen, ie,a   *steal upon, be seized* · die Fühlung (*poet.*)   *feeling*
die Kerze, -n   *candle* · leuchten   *gleam, burn*

umfangen, i,a   *embrace, enclose*
die Finsternis, -se   *darkness* · die Beschattung, -en   *overshadowing, shade*
auf(empor)reißen, i,i   *lift forcefully up, sweep upward* · das Verlangen   *desire*
die Begattung, -en   *mating, copulation*

schwierig   *difficult, heavy*
bannen   *enchant, captivate*
zuletzt   *at last* · begierig   *eager, desirous*
der Schmetterling, -e   *butterfly* · verbrennen, a,a   *burn up*

werden   *become, be transformed*
trübe   *gloomy, dreary*

der Götterfunke (*poet.*)   *divine spark*
das Elysium   *Elysian Fields* (*where the beloved of the gods are transposed without*
feuertrunken (*poet.*)   *elated (drunk) with fire   dying*)
das Heiligtum, ⁻er   *sanctuary, holy place*
der Zauber, —   *charm, enchantment*
die Mode, -n   *fashion, social prejudice* · streng   *severe, rigorous* · teilen   *divide, separate*
sanfter Flügel (*poet.*)   *gentle wing (emotional stir)* · weilen   *abide*

Seid umschlungen, Millionen!
Diesen Kuß der ganzen Welt!
Brüder — überm Sternenzelt
Muß ein lieber Vater wohnen.

Wem der große Wurf gelungen,
Eines Freundes Freund zu sein,
Wer ein holdes Weib errungen,
Mische seinen Jubel ein!
Ja — wer auch nur *eine* Seele
Sein nennt auf dem Erdenrund!
Und wers nie gekonnt, der stehle
Weinend sich aus diesem Bund.
 Was den großen Ring bewohnet,
 Huldige der Sympathie!
 Zu den Sternen leitet sie,
 Wo der *Unbekannte* thronet.

Freude trinken alle Wesen
An den Brüsten der Natur,
Alle Guten, alle Bösen
Folgen ihrer Rosenspur.
Küsse gab sie uns und Reben,
Einen Freund, geprüft im Tod,
Wollust ward dem Wurm gegeben,
Und der Cherub steht vor Gott.
 Ihr stürzt nieder, Millionen?
 Ahnest du den Schöpfer, Welt?
 Such ihn überm Sternenzelt,
 Über Sternen muß er wohnen.

Freude heißt die starke Feder
In der ewigen Natur.
Freude, Freude treibt die Räder
In der großen Weltenuhr.
Blumen lockt sie aus den Keimen,
Sonnen aus dem Firmament,
Sphären rollt sie in den Räumen,
Die des Sehers Rohr nicht kennt.
 Froh, wie seine Sonnen fliegen
 Durch des Himmels prächtgen Plan,
 Wandelt, Brüder eure Bahn,
 Freudig wie ein Held zum Siegen!

umschlingen, a,u *embrace*

das Sternenzelt, -e (*poet.*) *firmament*

der Wurf, ⸚e *throw, (lucky) shot* · gelingen, a,u *succeed*

hold *sweet, lovely* · das Weib, -er (*poet.*) *wife* · erringen, a,u *win*
einmischen *join in* .... der Jubel, — *rejoicing, jubilation*

das Erdenrund (*poet.*) *face of the earth*
sich stehlen aus *steal or slink away*
der Bund, ⸚e *union, alliance*
der Ring (*poet.*) *circle of the earth*
huldigen *pay homage* · die Sympathie *sympathy, congeniality, natural bond of love*
der Unbekannte *the unknown God (Father)*
das Wesen, — *living being*
die Brust, ⸚e *breast, source*

die Rosenspur, -en (*poet.*) *path of roses*
die Rebe, -n *grape*
geprüft *tried*
die Wollust, ⸚e *sensual delight, lust*

niederstürzen *fall down*
ahnen *have a presentiment of, sense* · der Schöpfer *creator*
suchen *search* · das Sternenzel (*poet.*) *firmament*

die Feder, -n *spring*

treiben, ie,ie *propel, drive* · das Rad, ⸚er *wheel*
die Weltenuhr, -en *clockwork of the universe (acc. to Leibniz and the philosophy of Enlightenment)*
(heraus)locken *lure* · der Keim, -e *bud, sprout*

der (Welt-) Raum, ⸚e *space*
des Sehers Rohr *telescope*

prächtig *magnificent* · der Plan, ⸚e *realm, plain*
wandeln *walk, wander* · die Bahn, -en *way, road*
der Held, -en *hero* · das Siegen *conquest, victory*

DER PILGRIM

Noch in meines Lebens Lenze
War ich, und ich wandert aus,
Und der Jugend frohe Tänze
Ließ ich in des Vaters Haus.

All mein Erbteil, meine Habe
Warf ich fröhlich glaubend hin,
Und am leichten Pilgerstabe
Zog ich fort mit Kindersinn.

Denn mich trieb ein mächtig Hoffen
Und ein dunkles Glaubenswort:
Wandle, riefs, der Weg ist offen,
Immer nach dem Aufgang fort.

Bis zu einer goldnen Pforten
Du gelangst, da gehst du ein,
Denn das Irdische wird dorten
Himmlisch unvergänglich sein.

Abend wards und wurde Morgen,
Nimmer, nimmer stand ich still,
Aber immer bliebs verborgen,
Was ich suche, was ich will.

Berge lagen mir im Wege,
Ströme hemmten meinen Fuß,
Über Schlünde baut ich Stege,
Brücken durch den wilden Fluß.

Und zu eines Stroms Gestaden
Kam ich, der nach Morgen floß,
Froh vertrauend seinem Faden,
Werf ich mich in seinen Schoß.

Hin zu einem großen Meere
Trieb mich seiner Wellen Spiel,
Vor mir liegts in weiter Leere,
Näher bin ich nicht dem Ziel.

der Lenz, -e (*poet.*) *spring youth*
auswandern *emigrate*

das Erbteil, -e *inheritance* · die Habe *possession, fortune*
hinwerfen, a,o *throw away*
der Pilgerstab, ⸚e *staff of a pilgrim*
fortziehen, o,o *wander away, set out* · der Kindersinn, -e *childlike simplicity*

mächtig *powerful*
dunkel *obscure*

der Aufgang, ⸚e (*poet.*) *East, orient*

die Pforte, -n *gate, portal*
gelangen *reach, arrive (at)*
das Irdische *earthly, mundane things*
himmlisch *heavenly, divine* · unvergänglich *imperishable, everlasting*

nimmer *never*
verbergen, a,o *hide, conceal*

hemmen *slow down, delay*
der Schlund, ⸚e *gorge* · der Steg, -e *footbridge, path*
die Brücke, -n *bridge*

das Gestade, — (*poet.*) *bank, shore*
der Morgen (*poet.*) *East, orient*
vertrauen *trust, rely upon* · der Faden, — (*poet.*) *course, thread*
der Schoß, ⸚e *lap,* (*poet.*) *current*

treiben, ie,ie *drive, push* · die Welle, -n *wave*
die Leere, -n *emptiness, void*
das Ziel, -e *goal, end*

Ach, kein Steg will dahin führen,
Ach, der Himmel über mir,
Will die Erde nie berühren,
Und das Dort ist niemals hier!

SPRÜCHE DES KONFUZIUS
II

Dreifach ist des Raumes Maß:
Rastlos fort ohn Unterlaß
Strebt die *Länge*; fort ins Weite
Endlos gießet sich die *Breite*;
Grundlos senkt die *Tiefe* sich.

Dir ein Bild sind sie gegeben:
Rastlos vorwärts mußt du streben,
Nie ermüdet stillestehn,
Willst du die Vollendung sehn;
Mußt ins Breite dich entfalten,
Soll sich dir die Welt gestalten;
In die Tiefe mußt du steigen,
Soll sich dir das Wesen zeigen.

Nur Beharrung führt zum Ziel,
Nur die Fülle führt zur Klarheit,
Und im Abgrund wohnt die Wahrheit.

Friedrich Hölderlin
1770-1843

HYPERIONS SCHICKSALSLIED

Ihr wandelt droben im Licht
  Auf weichem Boden, selige Genien!
    Glänzende Götterlüfte

berühren *touch*   35

der Spruch, ⸚e *epigram, saying*

der Raum, ⸚e` *space* · das Maß, -e *measurement, extent*
rastlos *without rest* · ohn(e) Unterlaß *without intermission*
streben *strive, strain* · die Länge, -n *length* · die Weite, -n *wideness,*
gießen, o,o *pour* · die Breite, -n *breadth, latitude*   *amplitude*
grundlos *bottomless, unfathomable* · sich senken *drop, fall*   5

das Bild, -er *image, example, model*

ermüden *tire (out), fatigue*
die Vollendung, -en *completion*
entfalten *unfold, develop*
gestalten *form, shape*   10
steigen, ie,ie *descend, climb*
das Wesen, — *essence, substance, nature, intrinsic virtue*

die Beharrung, -en *perseverance* · das Ziel, -e *goal, end*
die Fülle *abundance, fullness*   15
der Abgrund, ⸚e *abyss, depth*

das Schicksalslied, -er *song of fate*

wandeln *walk, wander*
weich *soft, smooth* · der Boden, ⸚ *ground, soil* · selig *blessed* · die Genien (*poet.*)
glänzend *lustrous* · die Götterlüfte (*poet.*) *divine breezes*   *spirits, souls*

    Rühren euch leicht,
        Wie die Finger der Künstlerin
        Heilige Saiten.

    Schicksallos, wie der schlafende
        Säugling, atmen die Himmlischen;
        Keusch bewahrt
        In bescheidener Knospe,
            Blühet ewig
            Ihnen der Geist,
            Und die seligen Augen
            Blicken in stiller
            Ewiger Klarheit.

Doch uns ist gegeben,
    Auf keiner Stätte zu ruhn,
    Es schwinden, es fallen
    Die leidenden Menschen
        Blindlings von einer
        Stunde zur andern,
        Wie Wasser von Klippe
        Zu Klippe geworfen
        Jahrlang ins Ungewisse hinab.

LEBENSLAUF

Größers wolltest auch du, aber die Liebe zwingt
    All uns nieder, das Leid beuget gewaltiger,
        Doch es kehret umsonst nicht
        Unser Bogen, woher er kommt!

Aufwärts oder hinab! herrschet in heil'ger Nacht,
    Wo die stumme Natur werdende Tage sinnt,
        Herrscht im schiefesten Orkus
        Nicht ein Grades, ein Recht noch!

Dies erfuhr ich. Denn nie, sterblichen Meistern gleich,
    Habt ihr Himmlischen, ihr Alleserhaltenden,
        Daß ich wüßte, mit Vorsicht
        Mich des ebenen Pfades geführt.

Hölderlin / 31

rühren *stir, move, touch*
die Künstlerin, –nen *female artist, harpist*   5
die Saite, –n *string, chord*

schicksallos *fateless*
der Säugling, –e *infant* · atmen *breath* · die Himmlischen *heavenly spirits*
keusch *chaste* · bewahren *preserve*
bescheiden *modest* · die Knospe, –n *bud*   10
blühen *bloom*
der Geist, –er *spirit*

                                                                           15

die Stätte, –n *place, abode*
schwinden, a,u *dwindle, fade or die away*
leiden, i,i *suffer*
blindlings *blindly*   20

die Klippe, –n *cliff*
das Ungewisse *uncertainty, unknown*

der Lebenslauf, ⁻e *course of life*

das Größere *greater things* · zwingen, a,u *force, compel*
beugen *bend* · gewaltig *powerful*
(zurück)kehren *return* · umsonst *in vain*
der Bogen, ⁻ *circle of life, arch* · woher *whence*

herrschen *rule, prevail*   5
stumm *mute* · werdend *(be)coming, future* · sinnen, a,o *meditate on*
schief *distorted, crooked* · der Orkus *Orcus (world of the dead)*
das Grade *(poet.)* *something straight and consistent* · das Recht, –e *law*

erfahren, u,a *experience, learn*
die Himmlischen *heavenly spirits, gods* · die Alleserhaltenden *(poet.)* *all* 10
die Vorsicht *caution*   *preserving gods*
eben *smooth,* even · der Pfad, –e *path* ·

Alles prüfe der Mensch, sagen die Himmlischen,
Daß er, kräftig genährt, danken für Alles lern',
   Und verstehe die Freiheit,
     Aufzubrechen, wohin er will.

HÄLFTE DES LEBENS

Mit gelben Birnen hänget
Und voll mit wilden Rosen
Das Land in den See,
Ihr holden Schwäne,
Und trunken von Küssen
Tunkt ihr das Haupt
Ins heilignüchterne Wasser.

Weh mir, wo nehm ich, wenn
Es Winter ist, die Blumen, und wo
Den Sonnenschein
Und Schatten der Erde?
Die Mauern stehn
Sprachlos und kalt, im Winde
Klirren die Fahnen.

Novalis (Friedrich von Hardenberg)
1772-1801

HYMNE

Wenige wissen
Das Geheimnis der Liebe,
Fühlen Unersättlichkeit
Und ewigen Durst.

prüfen *try, test*
kräftig *strong, vigorous* · nähren *nourish*

aufbrechen, a,o *set out, depart*

die Hälfte, -n *middle, half*

die Birne, -n *pear*

hold *gracious, charming*

tunken *dip* · das Haupt, ⸚er *head*
heilignüchtern (*poet.*) *sacredly sober*

der Schatten, — *shadow*
die Mauer, -n *wall*

klirren *clink, rattle* · die Fahne, -n *weathervane*

das Geheimnis, -se *secret*
die Unersättlichkeit, -en *insatiability*

Des Abendmahls
Göttliche Bedeutung
Ist den irdischen Sinnen Rätsel;
Aber wer jemals
Von heißen, geliebten Lippen
Atem des Lebens sog,
Wem heilige Glut
In zitternde Wellen das Herz schmolz,
Wem das Auge aufging,
Daß er des Himmels
Unergründliche Tiefe maß,
Wird essen von seinem Leibe
Und trinken von seinem Blute
Ewiglich.
Wer hat des irdischen Leibes
Hohen Sinn erraten?
Wer kann sagen,
Daß er das Blut versteht?
Einst ist alles Leib,
Ein Leib
In himmlischem Blute
Schwimmt das selige Paar. —
O! daß das Weltmeer
Schon errötete
Und in duftiges Fleisch
Aufquölle der Fels!
Nie endet das süße Mahl,
Nie sättigt die Liebe sich.
Nicht innig, nicht eigen genug
Kann sie haben den Geliebten.
Von immer zärtlicheren Lippen
Verwandelt, wird das Genossene
Iniglicher und näher.
Heißere Wollust
Durchbebt die Seele.
Durstiger und hungriger
Wird das Herz:
Und so währet der Liebe Genuß
Von Ewigkeit zu Ewigkeit.
Hätten die Nüchternen
Einmal gekostet,

das Abendmahl, -e *Lord's Supper*

irdisch *earthly* · der Sinn, -e *sense* · das Rätsel, — *riddle, enigma*
jemals *ever*

der Atem *breath* · saugen, o,o *imbibe, suck*
die Glut, -en *glow, fire*
zittern *tremble, flutter* · die Welle, -n *wave* · schmilzen, o,o *melt, soften*
aufgehen, i,a *open*

unergründlich *unfathomable* · messen, a,e *measure*
der Leib, -er *body*

der Sinn, -e *meaning, sense* · erraten *guess, solve*

einst *some day to come*

selig *blessed* · das Paar, -e *couple*
das Weltmeer, -e (*poet.*) *ocean*
erröten *redden*
duftig *fragrant*
aufquillen, o,o *swell up* · der Fels, -en *rock*
das Mahl, -e *meal, supper*
sättigen *satiate, satisfy*
innig *intimate, fervent* · eigen *at his own*

zärtlich *affectionate, tender*
verwandeln *change, transform* · das Genossene *thing enjoyed*

die Wollust, ⸚e *delight, bliss*
durchbeben *thrill, pulsate through*

währen *last, remain* · der Genuß, ⸚e *enjoyment, delight*

der Nüchterne, -n *sober person*
kosten *taste, try*

Alles verließen sie
Und setzten sich zu uns
An den Tisch der Sehnsucht,
Der nie leer wird.
Sie erkennten der Liebe
Unendliche Fülle
Und priesen die Nahrung
Von Leib und Blut.

Clemens Brentano
1778-1842

SPRICH AUS DER FERNE

Sprich aus der Ferne,
Heimliche Welt,
Die sich so gerne
Zu mir gesellt!

Wenn das Abendrot niedergesunken,
Keine freudige Farbe mehr spricht
Und die Kränze still leuchtender Funken
Die Nacht um die schattichte Stirne flicht:
    Wehet der Sterne
    Heiliger Sinn
    Leis durch die Ferne
    Bis zu mir hin.

Wenn des Mondes still lindernde Tränen
Lösen der Nächte verborgenes Weh,
Dann wehet Friede. In goldenen Kähnen
Schiffen die Geister im himmlischen See.
    Glänzender Lieder
    Klingender Lauf
    Ringelt sich nieder,
    Wallet hinauf.

verlassen, ie,a *forsake*

die Sehnsucht *longing, yearning*

die Fülle *abundance*
preisen, ie,ie *praise, extol* · die Nahrung *nourishment*

heimlich *secret*

sich gesellen zu *associate oneself with*

das Abendrot *sunset*
freudig *joyful*
der Kranz, ⸚e *wreath* · leuchten *shine, glow* · der Funke, -n *spark, gleam (star)*
schatticht (schattig) *shaded, dark* · die Stirn, -en *forehead* · flechten, o,o *weave, wreathe*
wehen *move, blow, breath* · der Stern, -e *star*
der Sinn, -e *meaning, significance*
leis(e) *soft, gentle*

lindern *soothe, relieve* · die Träne, -n *tear*
lösen *dissolve, relieve* · verbergen, a,o *conceal* · das Weh *grief*
der Friede, -n *peace* · der Kahn, ⸚e *boat*
der Geist, -er *spirit* · der See, -n *lake*
glänzend *splendid, glorious*
klingen, a,u *sound, ring* · der Lauf, ⸚e *course, flow*
sich niederringeln *curl or wind downward*
hinaufwallen *travel or move upward*

Wenn der Mitternacht heiliges Grauen
Bang durch die dunklen Wälder hinschleicht
Und die Büsche gar wundersam schauen,
Alles sich finster, tiefsinnig bezeugt:
    Wandelt im Dunkeln
    Freundliches Spiel,
    Still Lichter funkeln,
    Schimmerndes Ziel.

Alles ist freundlich wohlwollend verbunden,
Bietet sich tröstend und trauernd die Hand,
Sind durch die Nächte die Lichter gewunden,
Alles ist ewig im Innern verwandt.
    Sprich aus der Ferne,
    Heimliche Welt,
    Die sich so gerne
    Zu mir gesellt!

NACHKLÄNGE BEETHOVENSCHER MUSIK

I

Einsamkeit, du stummer Bronnen,
Heilge Mutter tiefer Quellen,
Zauberspiegel innrer Sonnen,
Die in Tönen überschwellen:
Seit ich durft in deine Wonnen
Das betörte Leben stellen,
Seit du ganz mich überronnen
Mit den dunklen Wunderwellen,
Hab zu funkeln ich begonnen.
Und nun klingen all die hellen
Sternensphären meiner Seele,
Deren Takt ein Gott mir zähle.
Alle Sonnen meines Herzens,
Die Planeten meiner Lust,
Die Kometen meines Schmerzens
Tönen laut in meiner Brust.
In dem Monde meiner Wehmut,

das Grauen *dread, horror*
bang *anxious, afraid* · hinschleichen *creep or slink along*
wundersam *strange, wondrous*
finster *dark* · tiefsinning *pensive* · sich bezeugen *manifest*
wandeln *move, walk*   25

funkeln *glitter, sparkle*
schimmern *gleam, glisten* · das Ziel, -e *goal, destination*

wohlwollend *kind, benevolent*
bieten, o,o *offer* · tröstend *consoling, comforting* · trauernd *mourning*   30
winden, a,u *wind, twine*
verwandt *related, kindred*

35

der Nachklang, ⸚e *echo, reminiscence*

die Einsamkeit, -en *loneliness* · stumm *silent* · der Bronnen,—(*poet.*)
die Quelle, -n *spring, source, well*   *spring, well*
der Zauberspiegel, — *magic mirror*

die Wonne, -n *bliss, delight, ecstasy*   5
betören *infatuate*
überrinnen, a,o *overflow*
die Wunderwelle, -n (*poet.*) *miraculous wave*
funkeln *sparkle, glitter*

10

die Sternensphäre, -n (*poet.*) *celestial sphere*
der Takt, -e *time, measure*

die Lust, ⸚e *pleasure, desire*

15

tönen *sound, resound*
die Wehmut *sadness, melancholy*

Alles Glanzes unbewußt,
Muß ich singen und in Demut
Vor den Schätzen meines Innern,
Vor der Armut meines Lebens,
Vor den Gipfeln meines Strebens,
Ewger Gott! mich dein erinnern.
Alles andre ist vergebens.

2

Gott! Dein Himmel faßt mich in den Haaren,
Deine Erde reißt mich in die Hölle,
Herr! wo soll ich doch mein Herz bewahren,
Daß ich deine Schwelle sicher stelle?
Also fleh ich durch die Nacht, da fließen
Meine Klagen hin wie Feuerbronnen,
Die mit glühnden Meeren mich umschließen;
Doch inmitten hab ich Grund gewonnen,
Rage hoch gleich rätselvollen Riesen,
Memnons Bild: des Morgens erste Sonnen,
Fragend ihren Strahl zur Stirn mir schießen,
Und den Traum, den Mitternacht gesponnen,
Üb ich tönend, um den Tag zu grüßen.

3

Selig, wer ohne Sinne
Schwebt wie ein Geist auf dem Wasser,
Nicht wie ein Schiff — die Flaggen
Wechselnd der Zeit und Segel
Blähend, wie heute der Wind weht.
Nein, ohne Sinne, dem Gott gleich.
Selbst sich nur wissend und dichtend,
Schafft er die Welt, die er selbst ist,
Und es sündigt der Mensch drauf,
Und es war nicht sein Wille!
Aber geteilet ist alles.
Keinem ward alles, denn jedes
Hat einen Herrn, nur der Herr nicht;
Einsam ist er und dient nicht.
So auch der Sänger.

der Glanz   *splendor, magnificence* · unbewußt   *unaware, unconscious*
die Demut   *humility*
der Schatz, ⁻e   *treasure*
die Armut   *poverty*
der Gipfel, —   *peak, summit* · das Streben   *endeavour, aspiration*
sich erinnern   *remember*
vergebens   *in vain*

fassen   *seize, grasp*
reißen, i,i   *drag, pull* · die Hölle, –n   *hell*
Herr   *Lord* · bewahren   *keep, preserve*
die Schwelle, –n   *threshold, (poet.) link with God* · sicherstellen   *keep safe, secure*
flehen   *implore* · hinfließen, o,o   *flow, stream*
die Klage, –n   *lament* · der Feuerbronnen, —   *(poet.) fountain of fire*
glühen   *glow, flame* · umschließen, o,o   *surround, enclose*

hochragen   *tower up* · rätselvoll   *mysterious* · der Riese, –n   *giant*
Memnons Bild   *two colossal statues near Thebes in Egypt*
der Strahl, –en   *ray, beam* · die Stirn   *forehead* · schießen, o,o   *shoot, flash*

üben   *exercise, practice* · grüßen   *greet, salute*

selig   *blessed* · der Sinn, –e   *sense*
schweben   *hover, soar* · der Geist, –er   *spirit*

wechseln   *change* · das Segel, —   *sail*
blähen   *inflate, swell out* · wehen   *blow*

dichten   *compose, invent, muse*
schaffen   *create*
sündigen   *sin*

teilen   *divide, separate*

dienen   *serve*

Joseph von Eichendorff
1788-1857

NACHTS

Ich stehe in Waldesschatten
Wie an des Lebens Rand,
Die Länder wie dämmernde Matten,
Der Strom wie ein silbern Band.

Von fern nur schlagen die Glocken
Über die Wälder herein,
Ein Reh hebt den Kopf erschrocken
Und schlummert gleich wieder ein.

Der Wald aber rühret die Wipfel
Im Traum von der Felsenwand.
Denn der Herr geht über die Gipfel
Und segnet das stille Land.

MONDNACHT

Es war, als hätt der Himmel
Die Erde still geküßt,
Daß sie im Blütenschimmer
Von ihm nur träumen müßt.

Die Luft ging durch die Felder,
Die Ähren wogten sacht,
Es rauschten leis die Wälder,
So sternklar war die Nacht.

Und meine Seele spannte
Weit ihre Flügel aus,
Flog durch die stillen Lande,
Als flöge sie nach Haus.

der Waldesschatten, — *shadow of the wood*
der Rand, ⸚er *edge*
dämmern *grow dark* · die Matte, -n *meadow*

(herein)schlagen, u,a *strike* · die Glocke, -n *bell*

das Reh, -e *deer, roe* · heben, o,o *raise* · erschrecken, a,o *frighten, startle*

rühren *move, rustle* · der Wipfel, — *tree-top*
die Felsenwand, ⸚e *wall of rock*
der Herr *the Lord* · der Gipfel, — *summit, hill-top*
segnen *bless*

der Blütenschimmer (*poet.*) *shimmer of blossoms*

die Ähre, -n *ear (of grain)* · wogen *wave* · sacht *softly, gently*
rauschen *rustle*

der Flügel, — *wing*

DIE HEIMAT

An meinen Bruder

Denkst du des Schlosses noch auf stiller Höh?
Das Horn lockt nächtlich dort, als obs dich riefe,
Am Abgrund grast das Reh,
Es rauscht der Wald verwirrend aus der Tiefe —
O stille, wecke nicht, es war, als schliefe
Da drunten ein unnennbar Weh.

Kennst du den Garten? — Wenn sich Lenz erneut,
Geht dort ein Mädchen auf den kühlen Gängen
Still durch die Einsamkeit
Und weckt den leisen Strom von Zauberklängen,
Als ob die Blumen und die Bäume sängen
Rings von der alten schönen Zeit.

Ihr Wipfel und ihr Bronnen, rauscht nur zu!
Wohin du auch in wilder Lust magst dringen,
Du findest nirgends Ruh,
Erreichen wird dich das geheime Singen —
Ach, dieses Bannes zauberischen Ringen
Entfliehn wir nimmer, ich und du!

Heinrich Heine
1797-1856

SIE SASSEN UND TRANKEN AM TEETISCH

Sie saßen und tranken am Teetisch
Und sprachen von Liebe viel.
Die Herren, die waren ästhetisch,
Die Damen von zartem Gefühl.

die Heimat, en *home, native place*

das Horn, ⸚er *bugle, horn* · locken *allure*
der Abgrund, ⸚e *abyss* · das Reh, –e *deer, roe*
verwirren *confuse, bewilder*

unnennbar *inexpressible* · das Weh *woe, grief*

der Lenz, –e (*poet.*) *Spring* · erneuern *renew, begin again*
der Gang, ⸚e *path*
die Einsamkeit, –en *solitude, loneliness*
leise *soft, gentle* · der Zauberklang, ⸚e *magic sound, enchanting melody*

rings *all round*

der Wipfel, — *tree-top* · der Bronnen, — (*poet.*) *spring, well*
die Lust, ⸚e *enjoyment, desire* · dringen, a,u *urge, press forward*
nirgends *nowhere*
erreichen *reach* · geheim *secret*
der Bann *spell, charm* · zauberisch *magic* · der Ring, –e *circle*
entfliehen, o,o *flee from, escape* · nimmer *never*

zart *tender, soft*

"Die Liebe muß sein platonisch,"
Der dürre Hofrat sprach.
Die Hofrätin lächelt ironisch,
Und dennoch seufzet sie: "Ach!"

Der Domherr öffnet den Mund weit:
"Die Liebe sei nicht zu roh,
Sie schadet sonst der Gesundheit,"
Das Fräulein lispelt: "Wieso?"

Die Gräfin spricht wehmütig:
"Die Liebe ist eine Passion!"
Und präsentieret gütig
Die Tasse dem Herren Baron.

Am Tische war noch ein Plätzchen;
Mein Liebchen, da hast du gefehlt.
Du hättest so hübsch, mein Schätzchen,
Von deiner Liebe erzählt.

RÜCKSCHAU

Ich habe gerochen alle Gerüche
In dieser holden Erdenküche;
Was man genießen kann in der Welt,
Das hab' ich genossen wie je ein Held!
Hab' Kaffee getrunken, hab' Kuchen gegessen,
Hab' manche schöne Puppe besessen;
Trug seidne Westen, den feinsten Frack,
Mir klingelten auch Dukaten im Sack.
Wie Gellert ritt ich auf hohem Roß;
Ich hatte ein Haus, ich hatte ein Schloß.
Ich lag auf der grünen Wiese des Glücks,
Die Sonne grüßte goldigsten Blicks;
Ein Lorbeerkranz umschloß die Stirn,
Er duftete Träume mir ins Gehirn,
Träume von Rosen und ewigem Mai—
Es ward mir so selig zu Sinne dabei,
So dämmersüchtig, so sterbefaul—
Mir flogen gebratne Tauben ins Maul,

dürr *thin, skinny* · der Hofrat *Privy Councillor*

seufzen *sigh*

der Domherr, –en *canon*
roh *unrefined, crude*
schaden *harm, damage* · sonst *otherwise, else* · die Gesundheit *health*

die Gräfin *countess* · wehmütig *melancholy, sad*

gütig *kind, gracious*
die Tasse, –n *cup*

fehlen *be missing*
hübsch *charming, proper* · das Schätzchen, — *love, darling*

die Rückschau *retrospect*

riechen, o,o *smell* · der Geruch, ⸚e *odor, scent, smell*
hold *charming, lovely* · die Erdenküche, –n (*poet.*) *earthly kitchen*
genießen, o,o *enjoy*
der Held, –en *hero*
der Kuchen, — *cake*
die Puppe, –n *doll, sweetheart* · besitzen, a,e *possess*
seiden *silken* · der Frack, ⸚e *tailcoat*
klingeln *tinkle* · der Sack, ⸚e (*dial.*) *purse, pocket*
C. F. Gellert (1715–1769) *German author of novels and fables* · das Roß, ⸚er
    (*poet.*) *steed, horse*
die Wiese des Glücks (*poet.*) *meadow of fortune*
der Blick, –e *glance*
der Lorbeerkranz, ⸚e *laurel wreath* · umschließen, o,o *encircle, garland* · die
duften *exhale fragrance* · das Gehirn *brain*   Stirn *forehead*

selig *happy, blissful* · zu Sinne *in one's mind*
dämmersüchtig (*poet.*) *having a mania for dreams and illusions* · sterbefaul (*poet.*)
  being too lazy to die
braten, ie, a *fry* · die Taube, –n *pigeon* · das Maul, ⸚er (*dial.*) *mouth*

Und Englein kamen, und aus den Taschen
Sie zogen hervor Champagnerflaschen —
Das waren Visionen, Seifenblasen —
Sie platzten — Jetzt lieg' ich auf feuchtem Rasen,
Die Glieder sind mir rheumatisch gelähmt,
Und meine Seel ist tief beschämt.
Ach, jede Lust, ach, jeden Genuß
Hab' ich erkauft durch herben Verdruß;
Ich ward getränkt mit Bitternissen
Und grausam von den Wanzen gebissen;
Ich ward bedrängt von schwarzen Sorgen,
Ich mußte lügen, ich mußte borgen
Bei reichen Buben und alten Vetteln —
Ich glaube sogar, ich mußte betteln.
Jetzt bin ich müd vom Rennen und Laufen,
Jetzt will ich mich im Grabe verschnaufen.
Lebt wohl! Dort oben, ihr christlichen Brüder,
Ja, das versteht sich, dort sehn wir uns wieder.

Annette von Droste-Hülshoff
1797-1848

DAS SPIEGELBILD

Schaust du mich an aus dem Kristall
Mit deiner Augen Nebelball,
Kometen gleich, die im Verbleichen;
Mit Zügen, worin wunderlich
Zwei Seelen wie Spione sich
Umschleichen, ja, dann flüstre ich:
Phantom, du bist nicht meinesgleichen!

hervorziehen, o,o *pull out*
die Seifenblase, -n *soap bubble, illusory objects* 20
platzen *burst* · feucht *moist, damp* · der Rasen, — *lawn*
das Glied, -er *limb* · lähmen *paralize, cripple*
beschämen *make ashamed*
die Lust, ⸚e *joy, desire* · der Genuß, ⸚e *enjoyment, pleasure*
erkaufen *pay dearly for,* · herb *bitter* · der Verdruß, ⸚e *annoyance, vexation* 25
tränken *imbue, soak*
grausam *cruel* · die Wanze, -n *bed bug*
bedrängen *afflict, oppress* · die Sorge, -n *grief, sorrow*
lügen, o,o *lie* · borgen *borrow*
der Bube, -n (*poet.*) *rogue, scamp* · die Vettel, -n *slut* 30
betteln *beg*

das Grab, ⸚er *grave* · sich verschnaufen *recover one's breath, rest*

das versteht sich *it goes without saying* 35

das Spiegelbild, -er *mirror image*

der Nebelball, ⸚e (*poet.*) *ball of mist*
das Verbleichen *fading away*
der Zug, ⸚e *feature, trait* · wunderlich *strange*
der Spion, -e *spy* 5
sich umschleichen, i,i *sneak around one another* · flüstern *whisper*
meinesgleichen *my equal*

Bist nur entschlüpft der Träume Hut,
Zu eisen mir das warme Blut,
Die dunkle Locke mir zu blassen;
Und dennoch, dämmerndes Gesicht,
Drin seltsam spielt ein Doppellicht,
Trätest du vor, ich weiß es nicht,
Würd ich dich lieben oder hassen?

Zu deiner Stirne Herrscherthron,
Wo die Gedanken leisten Fron
Wie Knechte, würd ich schüchtern blicken;
Doch von des Auges kaltem Glast,
Voll toten Lichts, gebrochen fast,
Gespenstig, würd, ein scheuer Gast,
Weit, weit ich meinen Schemel rücken.

Und was den Mund umspielt so lind,
So weich und hülflos wie ein Kind,
Das möcht in treue Hut ich bergen;
Und wieder, wenn es höhnend spielt,
Wie von gespanntem Bogen zielt,
Wenn leis es durch die Züge wühlt,
Dann möcht ich fliehen wie vor Schergen.

Es ist gewiß, du bist nicht Ich,
Ein fremdes Dasein, dem ich mich
Wie Moses nahe, unbeschuhet,
Voll Kräfte, die mir nicht bewußt,
Voll fremden Leides, fremder Lust;
Gnade mir Gott, wenn in der Brust
Mir schlummernd deine Seele ruhet!

Und dennoch fühl ich, wie verwandt,
Zu deinen Schauern mich gebannt,
Und Liebe muß der Furcht sich einen.
Ja, trätest aus Kristalles Rund,
Phantom, du lebend auf den Grund,
Nur leise zittern würd ich, und
Mich dünkt — ich würde um dich weinen!

entschlüpfen *slip away, escape* · die Hut *guard, protection*
eisen *turn to ice*
blassen *turn pale, blanch*
dämmern *grow dark, fade* · das Gesicht, -er *face*
seltsam *strange* · spielen *play, glitter*
(her)vortreten, a,e *step forward*
hassen *hate*

die Stirn, -en *forehead* · der Herrscherthron, -e *throne of a sovereign*
leisten *carry out* · die Fron, -en *drudgery, forced labor*
der Knecht, -e *servant* · schüchtern *shy, timid*
der Glast, -e (*poet.*) *radiance*

gespenstig *ghostly* · scheu *shy, frightened*
der Schemel, — *stool* · rücken *move*

lind *mild, gentle*
weich *soft* · hülflos (=hilflos) *helpless*
bergen, a,o *secure*
höhnen *scoff, sneer*
spannen *bend (bow), stretch* · der Bogen, ⸚ *bow* · zielen *aim*
leis *soft, gentle* · wühlen *agitate, gnaw (pain)*
der Scherge, -n *executor*

fremd *strange, foreign* · das Dasein *existence, life*
unbeschuhet *without shoes, barefoot*
sich etwas bewußt sein *be aware or conscious of*
die Lust, ⸚e *joy, pleasure*
die Gnade, -n *grace, mercy*

verwandt *related, akin*
das Schauern *shudder* · bannen *fix, rooted to*
die Furcht *fear* · sich einen *unite with*
das Rund (*poet.*) *circle, rotundity*

zittern *tremble*
mich dünkt *it seems to me*

Eduard Mörike
1804-1875

UM MITTERNACHT

Gelassen stieg die Nacht ans Land,
Lehnt träumend an der Berge Wand;
Ihr Auge sieht die goldne Waage nun
Der Zeit in gleichen Schalen stille ruhn.
   Und kecker rauschen die Quellen hervor,
   Sie singen der Mutter, der Nacht, ins Ohr
   Vom Tage,
   Vom heute gewesenen Tage.

Das uralt alte Schlummerlied,
Sie achtets nicht, sie ist es müd;
Ihr klingt des Himmels Bläue süßer noch,
Der flüchtgen Stunden gleichgeschwungnes Joch.
   Doch immer behalten die Quellen das Wort,
   Es singen die Wasser im Schlafe noch fort
   Vom Tage,
   Vom heute gewesenen Tage.

AN DIE GELIEBTE

Wenn ich, von deinem Anschaun tief gestillt,
Mich stumm an deinem heilgen Wert vergnüge,
Dann hör ich recht die leisen Atemzüge
Des Engels, welcher sich in dir verhüllt,

Und ein erstaunt, ein fragend Lächeln quillt
Auf meinem Mund, ob mich kein Traum betrüge,
Daß nun in dir, zu ewiger Genüge,
Mein kühnster Wunsch, mein einzger, sich erfüllt.

Von Tiefe dann zu Tiefen stürzt mein Sinn,
Ich höre aus der Gottheit nächtger Ferne
Die Quellen des Geschicks melodisch rauschen.

Betäubt kehr ich den Blick nach oben hin,
Zum Himmel auf — da lächeln alle Sterne;
Ich kniee, ihrem Lichtgesang zu lauschen.

gelassen *calm, composed* · steigen, ie,ie *climb, ascend*
lehnen *lean, rest (upon)* · der Berge Wand *face of the mountains*
die Waage, –n *scales*
die Schale, –n *pan of the scales*
keck *bold* · rauschen *rustle, rush forth* · die Quelle, –n *spring, well*

uralt *very old, ancient* · das Schlummerlied, –er *lullaby*
achten *heed, pay attention to*
die Bläue *blueness, azure*
flüchtig *fleeting, transient* · gleichgeschwungen *evenly curved* · das Joch, –e
behalten, ie,a *retain* *yoke*

das Anschaun *looking at* · stillen *appease, satisfy*
stumm *silent* · heilig *holy, sacred* · der Wert, –e *worth, merit* · sich
  vergnügen *delight in*
recht *quite distinctly* · leise *soft, gentle* · der Atemzug, ⸚e *breath*
sich verhüllen *conceal, embody*

erstaunen *astound* · quillen, o,o *appear*
betrügen, o,o *deceive*
die Genüge *satisfaction, contentment*
kühn *bold, daring* · sich erfüllen *fulfil*
stürzen *plunge, rush* · der Sinn, –e *mind*
nächtig *nocturnal*
das Geschick, –e *fate, destiny* · rauschen *rustle, murmur*
betäuben *stun, stupefy* · kehren *turn*

knieen *kneel* · der Lichtgesang, ⸚e (*poet.*) *melody of light* · lauschen *listen*

Friedrich Hebbel
1813-1863

NACHTLIED

Quellende, schwellende Nacht,
    Voll von Lichtern und Sternen:
    In den ewigen Fernen,
Sage, was ist da erwacht!

Herz in der Brust wird beengt,
    Steigendes, neigendes Leben,
    Riesenhaft fühle ich's weben,
Welches das meine verdrängt.

Schlaf, da nahst du dich leis,
    Wie dem Kinde die Amme,
    Und um die dürftige Flamme
Ziehst du den schützenden Kreis.

ICH UND DU

Wir träumten voneinander
    Und sind davon erwacht,
Wir leben, um uns zu lieben,
    Und sinken zurück in die Nacht.

Du tratst aus meinem Traume,
    Aus deinem trat ich hervor,
Wir sterben, wenn sich eines
    Im andern ganz verlor.

Auf einer Lilie zittern
    Zwei Tropfen, rein und rund,
Zerfließen in Eins und rollen
    Hinab in des Kelches Grund.

quellen *gush, well (up)* · schwellen, o,o *rise, swell*

beengen *oppress* 5
steigen, ie,ie *rise, increase* · neigen *decline, wane*
riesenhaft *gigantic* · weben *move, weave*
verdrängen *crowd out, suppress, oust*

sich nahen *draw near, approach* · leis(e) *gentle, soft*
die Amme, –n *nurse* 10
dürftig *scant, meager*
ziehen, o,o *draw* · schützen *protect, shelter* · der Kreis, –e *circle, sphere*

(hervor)treten, a,e *step (out), emerge* 5

zittern *tremble, vibrate*
der Tropfen, — *drop* · rein *pure* 10
zerfließen, o,o *run, melt*
der Kelch, –e *cup, chalice*

SOMMERBILD

Ich sah des Sommers letzte Rose stehn,
Sie war, als ob sie bluten könne, rot;
Da sprach ich schauernd im Vorübergehn:
So weit im Leben, ist zu nah am Tod!

Es regte sich kein Hauch am heißen Tag,
Nur leise strich ein weißer Schmetterling;
Doch, ob auch kaum die Luft sein Flügelschlag
Bewegte, sie empfand es und verging.

Theodor Storm
1817-1888

MEERESSTRAND

Ans Haff nun fliegt die Möwe,
Und Dämmrung bricht herein;
Über die feuchten Watten
Spiegelt der Abendschein.

Graues Geflügel huschet
Neben dem Wasser her;
Wie Träume liegen die Inseln
Im Nebel auf dem Meer.

Ich höre des gährenden Schlammes
Geheimnisvollen Ton,
Einsames Vogelrufen —
So war es immer schon.

Noch einmal schauert leise
Und schweiget dann der Wind;
Vernehmlich werden die Stimmen,
Die über der Tiefe sind.

bluten *bleed*
schauern *shudder, shiver* · im Vorübergehn *in passing*

sich regen *stir, move* · der Hauch, -e *breath of air*
leise *gentle* · streichen, i,i *move past quickly* · der Schmetterling, -e *butterfly*
der Flügelschlag, ⸚e *beat of wings*
empfinden, a,u *feel, perceive* · vergehen, i,a *perish, die*

der Meeresstrand, -e *sea shore*

das Haff, -e *lagoon, bay* · die Möwe, -n *seagull*
die Dämmerung, -en *dusk, twilight* · hereinbrechen, a,o *set in*
feucht *moist, damp* · die Watte, -n *shallows, shoals, sandbank*
spiegeln *reflect, mirror*

das Geflügel *birds (indistinguishable in the dusk)* · huschen *slip hurriedly past*

die Insel, -n *island*
der Nebel, — *fog, mist*

gähren, o,o *ferment* · der Schlamm, ⸚e *mud, silt*
geheimnisvoll *mysterious* · der Ton, ⸚e *sound*
einsam *lonely* · das Vogelrufen *calling of birds*

schauern *shudder, stir slightly* · leise *soft, gentle*

vernehmlich *audible, perceptible*

ÜBER DIE HEIDE

Über die Heide hallet mein Schritt;
Dumpf aus der Erde wandert es mit.

Herbst ist gekommen, Frühling ist weit —
Gab es denn einmal selige Zeit?

5 Brauende Nebel geisten umher;
Schwarz ist das Kraut und der Himmel so leer.

Wär ich hier nur nicht gegangen im Mai!
Leben und Liebe, — wie flog es vorbei.

Gottfried Keller
1819-1890

AN DAS HERZ

Willst du nicht dich schließen,
Herz, du offnes Haus!
Worin Freund' und Feinde
Gehen ein und aus?

5 Schau, wie sie verletzen
Dir das Hausrecht stets!
Fühllos auf und nieder,
Polternd, lärmend geht's.

Keiner putzt die Schuhe,
Keiner sieht sich um,
10 Staubig brechen alle
Dir ins Heiligtum;

die Heide, -n *heath*

hallen *resound, echo* · der Schritt, -e *step, stride*
dumpf *dull, hollow, muffled*

weit *far away*
selig *blissful*

brauen *brew* · der Nebel *fog, mist* · umhergeiste(r)n *haunt about* 5
das Kraut, ⸚er *heather, weed*

schließen, o,o *close, shut*

der Feind, -e *enemy, foe*

schau! *look!* · verletzen *violate, infringe (upon)* 5
das Hausrecht, -e *domestic right* · stets *always*
fühllos *without feeling, insensitive*
poltern *rumble* · lärmen *make noise*

putzen *clean, brush*
sich umsehen, a,e *look out, be considerate* 10
staubig *dusty, dirty* · (ein)brechen *break in, intrude*
das Heiligtum, ⸚er *sanctuary, holy place*

Trinken aus den goldnen
Kelchen des Altars,
Schänden Müh und Segen
Dir des ganzen Jahrs!

Werfen die Penaten
Wild vom Herde dir,
Pflanzen drauf mit Prahlen
Ihr entfärbt Panier.

Und wenn zu verwüsten
Nichts sie finden mehr,
Lassen sie im Scheiden
Dich, mein Herz, so leer!

Nein! und wenn nun alles
Still und tot in dir,
O, noch halt dich offen,
Offen für und für!

Laß die Sonne scheinen
Heiß in dich herein,
Stürme dich durchfahren
Und den Wetterschein!

Wenn durch deine Kammern
So die Windsbraut zieht,
Laß dein Glöcklein stürmen,
Schallen Lied um Lied!

Denn noch kann's geschehen,
Daß auf irrer Flucht
Eine treue Seele
Bei dir Obdach sucht!

SCHÖNE BRÜCKE

Schöne Brücke, hast mich oft getragen,
Wenn mein Herz erwartungsvoll geschlagen
Und mit dir den Strom ich überschritt.
Und mich dünkte, deine stolzen Bogen
Sind in kühnerm Schwunge mitgezogen,
Und sie fühlten meine Freude mit.

der Kelch, -e *chalice, cup*
schänden *desecrate, profane* · die Müh(e), -n *trouble, effort* · der Segen *blessing*

die Penaten *penates (Roman gods of the household)*
der Herd, -e *hearth*
aufpflanzen *raise, fix* · das Prahlen *boasting*
entfärben *discolor, fade* · das Panier, -e *banner, standard*

verwüsten *devastate, destroy*

das Scheiden *departing, leaving*

für und für *for ever and ever*

durchfahren, u,a *pass through, penetrate*
der Wetterschein (*poet.*) *lightening*

die Kammer, -n *ventricle, chamber*
die Windsbraut (*poet.*) *gale, whirlwind* · durchziehen, o,o *go through*
das Glöcklein (*poet.*) *little bell (voice of the heart)* · stürmen *ring violently, storm*
schallen *sound, ring*

irr *lost, wandering, stray* · die Flucht *flight, escape*
treu *faithful, true, trusting*
das Obdach *shelter*

die Brücke, -n *bridge*

erwarungsvoll *full of hope, expectant* · schlagen, u,a *beat*
überschreiten, i,i *cross*
mich dünkte *it seemed to me* · stolz *proud* · der Bogen, ⸚ *arch*
kühn *bold, daring* · der Schwung, ⸚e *flight* · mitziehen, o,o *move along*
mitfühlen *sympathize* · die Freude, -n *joy, pleasure*

Weh der Täuschung, da ich jetzo sehe,
Wenn ich schweren Leids hinübergehe,
Daß der Last kein Joch sich fühlend biegt;
Soll ich einsam in die Berge gehen
Und nach einem schwachen Stege spähen,
Der sich meinem Kummer zitternd fügt?

Aber s i e , mit anderm Weh und Leiden
Und im Herzen andre Seligkeiten:
Trage leicht die blühende Gestalt!
Schöne Brücke, magst du ewig stehen,
Ewig aber wird es nie geschehen,
Daß ein bessres Weib hinüber wallt!

Conrad Ferdinand Meyer
1825-1898

DER RÖMISCHE BRUNNEN

Aufsteigt der Strahl, und fallend gießt
Er voll der Marmorschale Rund,
Die, sich verschleiernd, überfließt
In einer zweiten Schale Grund;
Die zweite gibt, sie wird zu reich,
Der dritten wallend ihre Flut,
Und jede nimmt und gibt zugleich
    Und strömt und ruht.

ZWEI SEGEL

Zwei Segel erhellend
Die tiefblaue Bucht!
Zwei Segel sich schwellend
Zu ruhiger Flucht!

die Täuschung, -en *illusion, deception* · jetzo (= jetzt) *now*

die Last, -en *burden* · das Joch, -e *yoke* · biegen, o,o *bend, curve*
einsam *lonely*
der Steg, -e *footpath* · spähen *search for*
der Kummer *sorrow, grief* · zittern *tremble, shake* · sich fügen *adjust*

das Weh, -en *pain, woe*
die Seligkeit, -en *happiness, bliss*
blühen *flower, be vigorous* · die Gestalt, -en *figure*

das Weib, -er *woman* · wallen (*poet.*) *walk, wander*

der Brunnen, — *fountain*

aufsteigen, ie,ie *soar up, rise* · der Strahl, -en *jet* · gießen, o,o *pour, fill*
die Marmorschale, -n *marble bowl or basin* · das Rund (*poet.*) *circle, rotundity*
verschleiern *veil* · überfließen, o,o *flow over*
der Grund, ⸚e *bottom*
reich *affluent, full*
wallen *well over, undulate* · die Flut, -en *flood*
zugleich *at the same time, together*
ruhen *rest, stand still*

das Segel, — *sail*

erhellen *light up, brighten*
die Bucht, -en *bay*

die Flucht, -en *flight, passage*

Wie eins in den Winden
Sich wölbt und bewegt,
Wird auch das Empfinden
Des andern erregt.

Begehrt eins zu hasten,
Das andre geht schnell,
Verlangt eins zu rasten,
Ruht auch sein Gesell.

IM SPÄTBOOT

Aus der Schiffsbank mach ich meinen Pfühl.
Endlich wird die heiße Stirne kühl!
O wie süß erkaltet mir das Herz!
O wie weich verstummen Lust und Schmerz!
Über mir des Rohres schwarzer Rauch
Wiegt und biegt sich in des Windes Hauch.
Hüben hier und wieder drüben dort
Hält das Boot an manchem kleinen Port:
Bei der Schiffslaterne kargem Schein
Steigt ein Schatten aus und niemand ein.
Nur der Steurer noch, der wacht und steht!
Nur der Wind, der mir im Haare weht!
Schmerz und Lust erleiden sanften Tod.
Einen Schlummrer trägt das dunkle Boot.

Friedrich Nietzsche
1844-1900

VEREINSAMT

Die Krähen schrein
Und ziehen schwirren Flugs zur Stadt:
Bald wird es schnein. —
Wohl dem, der jetzt noch Heimat hat!

wölben   *vault, billow* · bewegen   *move, flutter*
das Empfinden   *feeling, sensation*
erregen   *stimulate, arouse*

begehren   *want, desire*

verlangen   *demand, desire*
der Gesell(e), –n   *companion*

der Pfühl, –e   (*poet.*)   *couch, pillow*
die Stirn(e), –n   *forehead*
erkalten   *grow cold, cool*
weich   *soft, gentle* · verstummen   *become silent* · die Lust, ⸚e   *joy, pleasure*
das Rohr, –e   *funnel* · der Rauch   *smoke*
wiegen   *sway, move gently* · biegen, o,o   *bend* · der Hauch, –e   *breath, breeze*
hüben und drüben   *on both sides*

karg   *poor, scant*
aussteigen, ie,ie   *get out, disembark* · der Schatten, —   *shadow, phantom*
der Steu(e)rer, —   *helmsman*
wehen   *blow*
erleiden, i,i   *suffer, endure* · sanft   *gentle, mild*

vereinsamt   *solitary, lonely*

die Krähe, –n   *crow* · schreien, ie,ie   *shriek, caw*
ziehen, o,o   *move, draw toward* · schwirren Flugs   *in whirring flight*
schnei(e)n   *snow*
die Heimat   *home*

　　　　Nun stehst du starr,
Schaust rückwärts, ach! wie lange schon!
　　　　Was bist du Narr
Vor Winters in die Welt entflohn?

　　　　Die Welt — ein Tor
Zu tausend Wüsten stumm und kalt!
　　　　Wer das verlor,
Was du verlorst, macht nirgends halt.

　　　　Nun stehst du bleich,
Zur Winter-Wanderschaft verflucht,
　　　　Dem Rauche gleich,
Der stets nach kältern Himmeln sucht.

　　　　Flieg, Vogel, schnarr
Dein Lied im Wüstenvogel-Ton! —
　　　　Versteck, du Narr,
Dein blutend Herz in Eis und Hohn!

　　　　Die Krähen schrein
Und ziehen schwirren Flugs zur Stadt:
　　　　Bald wird es schnein, —
Weh dem, der keine Heimat hat!

DAS TRUNKENE LIED

O Mensch! Gib acht!
Was spricht die tiefe Mitternacht?
„Ich schlief, ich schlief —,
Aus tiefem Traum bin ich erwacht: —
Die Welt ist tief,
Und tiefer als der Tag gedacht.
Tief ist ihr Weh —,
Lust — tiefer noch als Herzeleid:
Weh spricht: Vergeh!
Doch alle Lust will Ewigkeit —,
Will tiefe, tiefe Ewigkeit!"

starr   *stiff, numb, motionless*
schauen   *look* · rückwärts   *backwards*
der Narr, –en   *fool*
entfliehen, o,o   *escape, run away*

das Tor, –e   *gate*
die Wüste, –n   *desert, wilderness* · stumm   *dumb, silent, mute*

nirgends   *nowhere*

bleich   *pale, faint*
verfluchen   *damn, curse*
der Rauch   *smoke*
stets   *always*

schnarren   *croak, shriek,*
der Wüstenvogel, ⁻   *desert bird*
verstecken   *hide, conceal*
bluten   *bleed* · der Hohn   *scorn, disdain*

achtgeben, a,e   *take heed, pay attention*

das Weh, –en   *pain, woe*
die *Lust*, ⁻e   *joy, pleasure* · das Herzeleid, –n (*poet.*)   *grief, sorrow*
vergehen, i,a   *pass away, die*

Stefan George
1868-1933

KOMM IN DEN TOTGESAGTEN PARK ...

Komm in den totgesagten park und schau:
Der schimmer ferner lächelnder gestade ·
Der reinen wolken unverhofftes blau
Erhellt die weiher und die bunten pfade.

Dort nimm das tiefe gelb · das weiche grau
Von birken und von buchs · der wind ist lau ·
Die späten rosen welkten noch nicht ganz ·
Erlese küsse sie und flicht den kranz ·

Vergiß auch diese letzten astern nicht ·
Den purpur um die ranken wilder reben
Und auch was übrig blieb von grünem leben
Verwinde leicht im herbstlichen gesicht.

VORSPIEL

I

Ich forschte bleichen eifers nach dem horte
Nach strofen drinnen tiefste kümmernis
Und dinge rollten dumpf und ungewiß —
Da trat ein nackter engel durch die pforte:

Entgegen trug er dem versenkten sinn
Der reichsten blumen last und nicht geringer
Als mandelblüten waren seine finger
Und rosen · rosen waren um sein kinn.

Auf seinem haupte keine krone ragte
Und seine stimme fast der meinen glich:
Das schöne leben sendet mich an dich
Als boten: während er dies lächelnd sagte

totgesagt   *said to be dead*

schauen   *look*
der Schimmer, —   *gleam* · lächeln   *smile* · das Gestade, —   (*poet.*)   *shore, bank*
rein   *pure, clean* · unverhofft   *unexpected, unhoped-for*
erhellen   *brighten, illuminate* · der Weiher, —   *pond* · bunt   *many-colored* · der
                                                                        Pfad, -e   *path*
das Gelb   *yellow* · weich   *smooth, soft*
die Birke, -n   *birch-tree* · der Buchs   *box-tree* · lau   *mild, tepid*
welken   *wither*
erlesen, a,e   *select, gather* · flechten, o,o   *wreathe* · der Kranz, ̈-e   *wreath,*
                                                                        garland

der Purpur   *purple* · die Ranke, -n   *tendril* · die Rebe, -n   *grapevine*
übrigbleiben, ie,ie   *remain*
verwinden, a,u   *wind in a wreath (overcome, get over)* · herbstlich   *autumnal* ·
                                                    das Gesicht, -er   *face (vision)*

das Vorspiel, -e   *prelude*

forschen   *search, inquire* · bleich   *pale* · der Eifer   *zeal, eagerness* · der Hort,
   -e (*poet.*)   *hoard, treasure*
strofen (= Strophen)   *verses* · die Kümmernis, -se   *grief, anxiety*
dumpf   *dull* · ungewiß   *uncertain*
die Pforte, -n   *gate, portal*

entgegen   *towards* · versenkt   *absorbed, pensive* · der Sinn, -e   *mind*
reich   *rich, abundant* · die Last, -en   *weight, burden* · gering   *less*
die Mandelblüte, -n   *almond blossom*
das Kinn, -e   *chin*

das Haupt, ̈-er   *head* · die Krone, -n   *crown* · ragen   *tower*
die Stimme, -n   *voice* · gleichen, i,i   *resemble*

der Bote, -n   *messenger*

Entfielen ihm die lilien und mimosen —
Und als ich sie zu heben mich gebückt
Da kniet auch ER · ich badete beglückt
Mein ganzes antlitz in den frischen rosen.

Hugo von Hofmannsthal
1874-1929

DIE BEIDEN

Sie trug den Becher in der Hand
— Ihr Kinn und Mund glich seinem Rand —,
So leicht und sicher war ihr Gang,
Kein Tropfen aus dem Becher sprang.

So leicht und fest war seine Hand:
Er saß auf einem jungen Pferde,
Und mit nachlässiger Gebärde
Erzwang er, daß es zitternd stand.

Jedoch, wenn er aus ihrer Hand
Den leichten Becher nehmen sollte,
So war es beiden allzu schwer:
Denn beide bebten sie so sehr,
Daß keine Hand die andre fand
Und dunkler Wein am Boden rollte.

DEIN ANTLITZ ...

Dein Antlitz war mit Träumen ganz beladen.
Ich schwieg und sah dich an mit stummem Beben.
Wie stieg das auf! Daß ich mich einmal schon
In frühern Nächten völlig hingegeben

entfallen, ie,a *fall out of* · die Mimose, –en *mimosa*
heben (= aufheben), o,o *take up, pick up* · bücken *stoop, bend*
knieen *kneel* · baden *bathe* · beglückt *happily* 15
das Antlitz, –e *face, countenance*

tragen, u,a *carry* · der Becher, — *cup, beaker, goblet*
das Kinn, –e *chin* · gleichen, i,i *resemble* · der Rand, ⸚er *brim*
sicher *sure, steady* · der Gang, ⸚e *walk, pace*
der Tropfen, — *drop*

fest *firm* 5

nachlässig *nonchalant, careless* · die Gebärde, –n *gesture*
erzwingen, a,u *force* · zittern *tremble, shake*

10
allzu schwer *much too difficult*
beben *shake, tremble*

das Antlitz, –e *countenance, face*

beladen, u,a *burden, load*
stumm *mute, speechless* · das Beben *trembling*
aufsteigen, ie, ie *rise, strike one's mind*
völlig *completely* · sich hingeben, a,e *surrender, give oneself up to*

Dem Mond und dem zuviel geliebten Tal,
Wo auf den leeren Hängen auseinander
Die magern Bäume standen und dazwischen
Die niedern kleinen Nebelwolken gingen

Und durch die Stille hin die immer frischen
Und immer fremden silberweißen Wasser
Der Fluß hinrauschen ließ — wie stieg das auf!

Wie stieg das auf! Denn allen diesen Dingen
Und ihrer Schönheit — die unfruchtbar war —
Hingab ich mich in großer Sehnsucht ganz,
Wie jetzt für das Anschaun von deinem Haar
Und zwischen deinen Lidern diesen Glanz!

BALLADE DES ÄUSSEREN LEBENS

Und Kinder wachsen auf mit tiefen Augen,
Die von nichts wissen, wachsen auf und sterben,
Und alle Menschen gehen ihre Wege.

Und süße Früchte werden aus den herben
Und fallen nachts wie tote Vögel nieder
Und liegen wenig Tage und verderben.

Und immer weht der Wind, und immer wieder
Vernehmen wir und reden viele Worte
Und spüren Lust und Müdigkeit der Glieder.

Und Straßen laufen durch das Gras, und Orte
Sind da und dort, voll Fackeln, Bäumen, Teichen,
Und drohende, und totenhaft verdorrte . . .

Wozu sind diese aufgebaut? und gleichen
Einander nie? und sind unzählig viele?
Was wechselt Lachen, Weinen und Erbleichen?

Was frommt das alles uns und diese Spiele,
Die wir doch groß und ewig einsam sind
Und wandernd nimmer suchen irgend Ziele?

Was frommts, dergleichen viel gesehen haben?
Und dennoch sagt der viel, der „Abend" sagt,
Ein Wort, daraus Tiefsinn und Trauer rinnt

Wie schwerer Honig aus den hohlen Waben.

das Tal, ⸗er *valley*
leer *empty, barren* · der Hang, ⸗e *slope* · auseinanderstehen, a,a *stand apart*
mager *meagre, thin*
nieder *low* · die Nebelwolke, -n *cloud of fog*

fremd *strange, unfamiliar*
hinrauschen *rush or rustle along*

unfruchtbar *unfruitful, sterile*
die Sehnsucht *longing, yearning*
das Anschaun *contemplation, view*
das Lid, -er *eyelid* · der Glanz *brightness, lustre, gleam*

äußer *external*

herb *acid, tart*

verderben, a,o *perish, rot, decay*

vernehmen, a,o *perceive, hear* · reden *speak*
spüren *feel* · die Lust, ⸗e *joy, pleasure* · die Müdigkeit, -en *weariness, fatigue* · das Glied, -er *limb*
der Ort, -e *place, village, town*
die Fackel, -n *torch* · der Teich, -e *pond, pool*
drohen *threaten* · verdorren *dry up*

aufbauen *build up, erect* · gleichen, i,i *resemble*
unzählig *innumerable, countless*
was (=warum) *why* · wechseln *change, alternate* · das Weinen *weeping, crying* · das Erbleichen *fade or die away*
frommen *avail, be of use* · das Spiel, -e *play, game*
groß *grown up* · einsam *lonely*
nimmer *never* · irgend *any* · das Ziel, -e *goal, end, destination*

dergleichen *of such kind, such like*

der Tiefsinn *melancholy* · die Trauer *sadness, grief*
der Honig, -e *honey* · hohl *hollow* · die Wabe, -n *honeycomb*

MANCHE FREILICH ...

Manche freilich müssen drunten sterben,
Wo die schweren Ruder der Schiffe streifen,
Andre wohnen bei dem Steuer droben,
Kennen Vogelflug und die Länder der Sterne.

5 Manche liegen immer mit schweren Gliedern
Bei den Wurzeln des verworrenen Lebens,
Andern sind die Stühle gerichtet
Bei den Sibyllen, den Königinnen,
Und da sitzen sie wie zu Hause,
10 Leichten Hauptes und leichter Hände.

Doch ein Schatten fällt von jenen Leben
In die andern Leben hinüber,
Und die leichten sind an die schweren
Wie an Luft und Erde gebunden:

15 Ganz vergessener Völker Müdigkeiten
Kann ich nicht abtun von meinen Lidern,
Noch weghalten von der erschrockenen Seele
Stummes Niederfallen ferner Sterne.

Viele Geschicke weben neben dem meinen,
20 Durcheinander spielt sie alle das Dasein,
Und mein Teil ist mehr als dieses Lebens
Schlanke Flamme oder schmale Leier.

Rainer Maria Rilke
1875-1926

HERBSTTAG

Herr: Es ist Zeit. Der Sommer war sehr groß.
Leg deinen Schatten auf die Sonnenuhren,
und auf den Fluren laß die Winde los.

freilich   *to be sure, of course, certainly*

das Ruder, — *rudder, helm* · streifen   *streak, touch slightly, graze*
das Steuer, — *helm*
der Vogelflug, ⸚e   *flight of birds*

das Glied, -er   *limb*
die Wurzel, -n   *root, origin* · verworren   *entangled, intricate, confused*
richten   *prepare, arrange*
die Sibylle, -n   *sibyl (priestly seer inspired by gods)*

das Haupt, ⸚er   *head*

der Schatten, — *shadow*

das Volk, ⸚er   *people, nation* · die Müdigkeit, -en   *weariness*
abtun   *take off, shake off* · das Lid, -er   *eyelid*
weghalten, ie,a   *keep away, ward off* · erschrecken, a,o   *frighten, startle*
stumm   *silent*

das Geschick, -e   *fate, destiny* · weben   *weave, unfold, stir*
das Dasein   *life, existence*
mein Teil   *my share, my function*
schlank   *slim, slender, faint* · schmal   *narrow* · die Leier   *lyre*

Herr   *Lord*
der Schatten, — *shadow* · die Sonnenuhr, -en   *sundial*
die Flur, -en   *field, meadow*

Befiehl den letzten Früchten, voll zu sein;
gib ihnen noch zwei südlichere Tage,
dränge sie zur Vollendung hin und jage
die letzte Süße in den schweren Wein.

Wer jetzt kein Haus hat, baut sich keines mehr.
Wer jetzt allein ist, wird es lange bleiben,
wird wachen, lesen, lange Briefe schreiben
und wird in den Alleen hin und her
unruhig wandern, wenn die Blätter treiben.

DER PANTHER

Im Jardin des Plantes, Paris

Sein Blick ist vom Vorübergehn der Stäbe
so müd geworden, daß er nichts mehr hält.
Ihm ist, als ob es tausend Stäbe gäbe
und hinter tausend Stäben keine Welt.

Der weiche Gang geschmeidig starker Schritte,
der sich im allerkleinsten Kreise dreht,
ist wie ein Tanz von Kraft um eine Mitte,
in der betäubt ein großer Wille steht.

Nur manchmal schiebt der Vorhang der Pupille
sich lautlos auf —. Dann geht ein Bild hinein,
geht durch der Glieder angespannte Stille —
und hört im Herzen auf zu sein.

DAS KARUSSELL

Jardin du Luxembourg

Mit einem Dach und seinem Schatten dreht
sich eine kleine Weile der Bestand
von bunten Pferden, alle aus dem Land,
das lange zögert, eh es untergeht.
Zwar manche sind an Wagen angespannt,
doch alle haben Mut in ihren Mienen;
ein böser roter Löwe geht mit ihnen
und dann und wann ein weißer Elefant.

befehlen, a,o *command, bid*
südlich *southern, (poet.) warm*
hindrängen *press or urge toward* · die Vollendung, -en *perfection* · jagen
die Süße, -n *sweetness*   *drive, force*

wachen *stay awake*
die Allee, -n *avenue*
unruhig *restless* · das Blatt, ⸚er *leaf* · treiben, ie,ie *drive*

der Blick, -e *glance, gaze* · der Stab, ⸚e *bar*
müd(e) *weary, blunt*
ihm ist *it seems to him*

weich *soft, gentle* · der Gang *motion, pace* · geschmeidig *supple, soft*
allerkleinst *very smallest* · der Kreis, -e *circle* · drehen *turn*
die Kraft, ⸚e *strength*
betäuben *stupefy, stunned*

sich aufschieben, o,o *slide open* · der Vorhang, ⸚e *curtain, film*
lautlos *soundless, silent* · das Bild, -er *picture, image*
das Glied, -er *limb* · angespannt *tense, strained*
aufhören *cease, stop*

das Karussell, -e *merry-go-round*

das Dach, ⸚er *roof* · der Schatten, — *shadow* · sich drehen *turn*
der Bestand, ⸚e *stock, collection*
bunt *many-colored*
zögern *linger, hesitate* · untergehen, i,a *perish, decline*
zwar *to be sure, though* · anspannen *harness up, hitch*
der Mut *courage*
böse *wicked, malicious* · der Löwe, -n *lion*
dann und wann *now and then*

Sogar ein Hirsch ist da ganz wie im Wald,
nur daß er einen Sattel trägt und drüber
ein kleines blaues Mädchen aufgeschnallt.

Und auf dem Löwen reitet weiß ein Junge
und hält sich mit der kleinen heißen Hand,
dieweil der Löwe Zähne zeigt und Zunge.

Und dann und wann ein weißer Elefant.

Und auf den Pferden kommen sie vorüber,
auch Mädchen, helle, diesem Pferdesprunge
fast schon entwachsen; mitten in dem Schwunge
schauen sie auf, irgendwohin, herüber —

Und dann und wann ein weißer Elefant.

Und das geht hin und eilt sich, daß es endet,
und kreist und dreht sich nur und hat kein Ziel.
Ein Rot, ein Grün, ein Grau vorbeigesendet,
ein kleines kaum begonnenes Profil.
Und manches Mal ein Lächeln, hergewendet,
ein seliges, das blendet, und verschwendet
an dieses atemlose blinde Spiel.

LIEBESLIED

Wie soll ich meine Seele halten, daß
sie nicht an deine rührt? Wie soll ich sie
hinheben über dich zu andern Dingen?
Ach gerne möcht ich sie bei irgendwas
Verlorenem im Dunkel unterbringen
an einer fremden stillen Stelle, die
nicht weiterschwingt, wenn deine Tiefen schwingen.
Doch alles, was uns anrührt, dich und mich,
nimmt uns zusammen wie ein Bogenstrich,
der aus zwei Saiten e i n e Stimme zieht.
Auf welches Instrument sind wir gespannt?
Und welcher Geiger hat uns in der Hand?
O süßes Lied.

der Hirsch, -e *stag*
tragen, u,a *bear* 10
aufschnallen *buckle, strap in*

dieweil *while* · der Zahn, ⸚e *tooth* · die Zunge, -n *tongue*

15

der Pferdesprung, ⸚e *leap of a horse*
entwachsen, u,a *outgrow* · der Schwung, ⸚e *flight, swing*
irgendwohin *anywhere*

20

sich eilen *hurry, hasten*
kreisen *move in circles, whirl around* · das Ziel, -e *goal, end*

kaum *hardly, scarcely*
hergewendet *turned this way* 25
selig *happy, blissful* · blenden *dazzle, blind* · verschwenden *waste, squander*
atemlos *breathless* · das Spiel, -e *game*

rühren *touch*
hinheben, o,o *lift across or above*

das Verlorene *forlorn object* · unterbringen, a,a *shelter, accommodate* 5
fremd, *strange, foreign* · die Stelle, -n *place*
weiterschwingen, a,u *continue to vibrate*

der Bogenstrich, -e *stroke of a bow*
die Saite, -n *string* · die Stimme, -n *voice* · ziehen, o,o *draw* 10
spannen *stretch, draw*
der Geiger, — *violinist*

TODESERFAHRUNG

Wir wissen nichts von diesem Hingehn, das
nicht mit uns teilt. Wir haben keinen Grund,
Bewunderung und Liebe oder Haß
dem Tod zu zeigen, den ein Maskenmund

tragischer Klage wunderlich entstellt.
Noch ist die Welt voll Rollen, die wir spielen
Solang wir sorgen, ob wir auch gefielen,
spielt auch der Tod, obgleich er nicht gefällt.

Doch als du gingst, da brach in diese Bühne
ein Streifen Wirklichkeit durch jenen Spalt,
durch den du hingingst: Grün wirklicher Grüne,
wirklicher Sonnenschein, wirklicher Wald.

Wir spielen weiter. Bang und schwer Erlerntes
hersagend und Gebärden dann und wann
aufhebend; aber dein von uns entferntes,
aus unserm Stück entrücktes Dasein kann

uns manchmal überkommen, wie ein Wissen
von jener Wirklichkeit sich niedersenkend,
so daß wir eine Weile hingerissen
das Leben spielen, nicht an Beifall denkend.

Gottfried Benn
1886-1956

ASTERN

Astern —, schwälende Tage,
alte Beschwörung, Bann,
die Götter halten die Waage
eine zögernde Stunde an.

die Todeserfahrung, –en *experience of death*

das Hingehn *passing away, departure*
teilen *share* · der Grund, ⸚e *reason*
die Bewunderung, –en *admiration* · der Haß *hatred*
der Maskenmund, ⸚er *mouth of a mask*

die Klage, –n *lamentation* · wunderlich *strange* · entstellen *deform, distort*   5
die Rolle, –n *role*
sorgen *care, be anxious* · gefallen, ie,a *please*

die Bühne, –n *stage*
der Streifen, — *streak, touch* · die Wirklichkeit, –en *reality* · der Spalt, –en 10
    rift, cleft

bang *timid, anxious*
hersagen *recite, repeat* · die Gebärde, –n *gesture* · dann und wann *now and*
aufheben, o,o *lift up* · entfernt *distant, removed*   *then* 15
das Stück, –e *play* · entrücken *remove* · das Dasein *existence, life*

sich niedersenken *sink down, let down, descend*
hinreißen, i,i *overcome, enrapture*
der Beifall *applause*
                                                                                      20

schwälen *smolder*
die Beschwörung, –en *exorcism, magic* · der Bann, –e *spell, charm*
die Waage, –n *scales*
zögern *linger, hesitate*

Noch einmal die goldenen Herden
der Himmel, das Licht, der Flor,
was brütet das alte Werden
unter den sterbenden Flügeln vor?

Noch einmal das Ersehnte,
den Rausch, der Rosen Du —,
der Sommer stand und lehnte
und sah den Schwalben zu,

noch einmal ein Vermuten,
wo längst Gewißheit wacht:
Die Schwalben streifen die Fluten
und trinken Fahrt und Nacht.

FRAGMENTE

Fragmente,
Seelenauswürfe,
Blutgerinnsel des zwanzigsten Jahrhunderts —

Narben — gestörter Kreislauf der Schöpfungsfrühe,
die historischen Religionen von fünf Jahrhunderten
    zertrümmert,
die Wissenschaft: Risse im Parthenon,
Planck rann mit seiner Quantentheorie
zu Kepler und Kierkegaard neu getrübt zusammen —

Aber Abende gab es, die gingen in den Farben
des Allvaters, lockeren, weitwallenden,
unumstößlich in ihrem Schweigen
geströmten Blaus,
Farbe der Introvertierten,
da sammelte man sich
die Hände auf das Knie gestützt
bäuerlich, einfach
und stillem Trunk ergeben
bei den Harmonikas der Knechte —

die Herde, -n *flock, herd*
der Flor *multitude of blossoms*
brüten *brood, hatch* · das Werden *evolution, development*
der Flügel, — *wing*

das Ersehnte *object of longing or great desire*
der Rausch *ecstasy*
lehnen *lean, recline*
zusehen, a,e *look on, watch* · die Schwalbe, -n *swallow*

das Vermuten *presumption*
die Gewißheit, -en *certainty* · wachen *be awake*
streifen *touch, slightly graze* · die Flut, -en *flood, infinite sea*
die Fahrt, -en *passage, flight*

der Seelenauswurf, ⸚e *expectoration or excrement of the soul*
das Blutgerinnsel, — *blood clot*

die Narbe, -n *scar* · gestört *disturbed, interrupted* · der Kreislauf, ⸚e *circulation* · die Schöpfungsfrühe *early stage of creation*
zertrümmern *smash, shatter, destroy*
die Wissenschaft, -en *learning, knowledge, science* · der Riss, -e *crack* · M. Planck (1858–1947) *physicist*
J. Kepler (1571–1630) *astronomer and mathematician* · S. Kierkegaard (1813–1855) *philosopher* · trüben *tarnish, darken, blend*

der Allvater *Father of the universe, traditional God* · locker *loose* · weitwallend *freely waving*
unumstößlich *irrefutable, irrevocable*
geströmt *streamed*

sich sammeln *regain one's composure*
stützen *rest, prop*
bäuerlich *rustic* · einfach *simple*
ergeben, a,e *take to (drink), submit*
der Knecht, -e *farmhand, servant*

und andere
gehetzt von inneren Konvoluten,
Wölbungsdrängen,
Stilbaukompressionen
oder Jagden nach Liebe.

Ausdruckskrisen und Anfälle der Erotik:
das ist der Mensch von heute,
das Innere ein Vakuum,
die Kontinuität der Persönlichkeit
wird gewahrt von den Anzügen,
die bei gutem Stoff zehn Jahre halten.

Der Rest Fragmente,
halbe Laute,
Melodienansätze aus Nachbarhäusern,
Negerspirituals
oder Ave Marias.

GEDICHT

Und was bedeuten diese Zwänge
halb Bild, halb Wort und halb Kalkül,
was ist in dir, woher die Dränge
aus stillem trauernden Gefühl?

Es strömt dir aus dem Nichts zusammen,
aus einzelnem, aus Potpourri,
dort nimmst du Asche, dort die Flammen,
du streust und löschst und hütest sie.

Du weißt, du kannst nicht alles fassen,
umgrenze es, den grünen Zaun
um dies und das, du bleibst gelassen,
doch auch gebannt in Mißvertraun.

So Tag und Nacht bist du am Zuge,
auch sonntags meißelst du dich ein
und klopfst das Silber in die Fuge,
dann läßt du es — es ist: das Sein.

hetzen *pursue, hunt* · das Konvolut, –en *twisting, coiling* 20
das Wölbungsdrängen (*poet.*) *urge to arch or to vault upward*
die Stillbaukompression, –en (*poet.*) *fancy for architecture of special artistic style*
die Jagd, –en *hunt, chase*

die Ausdruckskrise, –n *crisis of expression* · der Anfall, ⸚e *attack*
25

wahren *maintain, preserve* · der Anzug, ⸚e *suit, dress* ·
der Stoff, –e *material* · halten, ie, a *last*

30

der Laut, –e *sound*
der Melodieansatz, ⸚e *beginning of a melody*

der Zwang, ⸚e *compulsion, coercion*
das Kalkül, –e *calculation, purely rational deliberation*
der Drang, ⸚e *urge, impulse*
trauern *mourn, grieve*

zusammenströmen *flow together* · das Nichts *nothingness, void* 5

streuen *strew* · löschen *extinguish* · hüten *guard, tend*

fassen *grasp*
umgrenzen *encircle, enclose* · der Zaun, ⸚e *fence* 10
gelassen *calm, composed*
bannen *enchant, captivate* · das Mißvertraun *mistrust*

am Zuge sein *be in full swing*
sich einmeißeln *chisel or carve oneself into*
klopfen *beat, pound* · die Fuge, –n *joint, gap* 15
das Sein *being, existence*

VERLORENES ICH

Verlorenes Ich, zersprengt von Stratosphären,
Opfer des Ion —: Gamma-Strahlen-Lamm —,
Teilchen und Feld —: Unendlichkeitschimären
auf deinem grauen Stein von Notre-Dame.

Die Tage gehn dir ohne Nacht und Morgen,
die Jahre halten ohne Schnee und Frucht
bedrohend das Unendliche verborgen —,
die Welt als Flucht.

Wo endest du, wo lagerst du, wo breiten
sich deine Sphären an —, Verlust, Gewinn —:
Ein Spiel von Bestien: Ewigkeiten,
an ihren Gittern fliehst du hin.

Der Bestienblick: die Sterne als Kaldaunen,
der Dschungeltod als Seins- und Schöpfungsgrund,
Mensch, Völkerschlachten, Katalaunen
hinab den Bestienschlund.

Die Welt zerdacht. Und Raum und Zeiten
Und was die Menschheit wob und wog,
Funktion nur von Unendlichkeiten —,
Die Mythe log.

Woher, wohin —, nicht Nacht, nicht Morgen,
kein Evoë, kein Requiem,
du möchtest dir ein Stichwort borgen —,
allein bei wem?

Ach, als sich alle einer Mitte neigten
und auch die Denker nur den Gott gedacht,
sie sich dem Hirten und dem Lamm verzweigten,
wenn aus dem Kelch das Blut sie rein gemacht,

und alle rannen aus der einen Wunde,
brachen das Brot, das jeglicher genoß —,
oh ferne zwingende erfüllte Stunde,
die einst auch das verlor'ne Ich umschloß.

zersprengen *burst, explode*
das Opfer, — *victim* · das Gamma-Strahlen-Lamm (*poet.*) *sacrificial lamb of*
das Teilchen, — *particle* · die Unendlichkeitschimäre, –n *gamma rays*
    chimera of infinity

bedrohen *threaten* · verbergen, a,o *hide, conceal*
die Flucht *flight, escape*

lagern *lie down, rest* · anbreiten (*poet.*) *border on, extend from*
der Verlust, –e *loss*
das Spiel, –e *game* · die Bestie, –n *beast, brute* · die Ewigkeit, –en *eternity*
das Gitter, — *grating, bars*

die Kaldaunen *intestines*
der Seins– und Schöpfungsgrund *foundation of being and creation*
die Völkerschlacht, –en *battle of nations* · Katalaunen *catalans(pirates)*
der Bestienschlund, ⸚e *throat of beasts*

zerdenken, a,a *atomize or disintegrate by thoughts* · der Raum, ⸚e *space*
weben, o,o *weave, accomplish* · wiegen, o,o *weigh, consider*

lügen, o,o *lie*

das Evoë *jubilant cry of the companions of Bacchus*
das Stichwort, ⸚er *cue, keyword* · borgen *borrow*
allein *but, only*

sich neigen *bow, incline*
der Hirte, –n *shepherd* · sich verzweigen *branch out*
der Kelch, –e *chalice, cup* · rein machen *purify*

rinnen, a,o *bleed, run*
brechen, a,o *break* · jeglicher *everyone* · genießen, o,o *receive, enjoy*
zwingen, a,u *coerce, compel*
einst *once, formerly* · umschließen, o,o *include*

Georg Trakl
1887-1914

VERFALL

Am Abend, wenn die Glocken Frieden läuten,
Folg ich der Vögel wundervollen Flügen,
Die lang geschart, gleich frommen Pilgerzügen,
Entschwinden in den herbstlich klaren Weiten.

Hinwandelnd durch den dämmervollen Garten
Träum ich nach ihren helleren Geschicken
Und fühl der Stunden Weiser kaum mehr rücken.
So folg ich über Wolken ihren Fahrten.

Da macht ein Hauch mich von Verfall erzittern.
Die Amsel klagt in den entlaubten Zweigen.
Es schwankt der rote Wein an rostigen Gittern,

Indes wie blasser Kinder Todesreigen
Um dunkle Brunnenränder, die verwittern,
Im Wind sich fröstelnd blaue Astern neigen.

VERKLÄRTER HERBST

Gewaltig endet so das Jahr
Mit goldnem Wein und Frucht der Gärten.
Rund schweigen Wälder wunderbar
Und sind des Einsamen Gefährten.

Da sagt der Landmann: Es ist gut.
Ihr Abendglocken lang und leise
Gebt noch zum Ende frohen Mut.
Ein Vogelzug grüßt auf der Reise.

Es ist der Liebe milde Zeit.
Im Kahn den blauen Fluß hinunter
Wie schön sich Bild an Bildchen reiht —
Das geht in Ruh und Schweigen unter.

der Verfall *decay, decline*

die Glocke, -n *bell* · der Friede, *peace* · läuten *ring, toll*
der Flug, ⸚e *flight*
(sich) scharen *flock together, assemble* · fromm *pious* · der Pilgerzug, ⸚e
    procession of pilgrims
entschwinden, a,u *disappear, vanish* · herbstlich *autumnal* · die Weite, -n
    distance
hinwandeln (*poet.*) *walk along* · dämmervoll *dusky, dim*   5
nachträumen *follow in one's imagination* · hell *bright* · das Geschick, -e
der Weiser, — *hand (of a clock)* · rücken *move*   *fate, destiny*
die Wolke, -n *cloud* · die Fahrt, -en *journey, passage*

der Hauch *breath, breeze* · erzittern *tremble*
die Amsel, -n *blackbird* · klagen *lament, bewail* · entlaubt *barren, defoliated* 10
schwanken *sway, rock* · das Gitter, — *grating, lattice*

indes *while* · blaß *pale* · der Todesreigen, — *dance of death*
der Brunnenrand, ⸚er *edge of a well* · verwittern *weather, disintegrate*
frösteln *shiver, freeze, chill* · neigen *bow, bend*

verklärt *radiant, transfigured* · der Herbst *fall*

gewaltig *mighty, magnificent*

rund *all around*
der Einsame, -n *lonely person* · der Gefährte, -n *companion*

der Landmann, ⸚er *farmer*   5
die Abendglocke, -n *evening bell* · leise *soft, gentle*
froher Mut *good courage, hopeful spirit*
der Vogelzug, ⸚e *passage of birds* · die Reise, -n *journey, passage*

der Kahn, ⸚e *boat*   10
sich reihen *follow*
untergehen, i,a *perish, sink down*

GESANG DER ABGESCHIEDENEN

Voll Harmonien ist der Flug der Vögel. Es haben die grünen
   Wälder
Am Abend sich zu stilleren Hütten versammelt;
Die kristallenen Weiden des Rehs.
Dunkles besänftigt das Plätschern des Bachs, die feuchten Schatten
5 Und die Blumen des Sommers, die schön im Winde läuten.
Schon dämmert die Stirne dem sinnenden Menschen.

Und es leuchtet ein Lämpchen, das Gute, in seinem Herzen
Und der Frieden des Mahls; denn geheiligt ist Brot und Wein
Von Gottes Händen, und es schaut aus nächtigen Augen
10 Stille dich der Bruder an, daß er ruhe von dorniger Wanderschaft.
O das Wohnen in der beseelten Bläue der Nacht.

Liebend auch umfängt das Schweigen im Zimmer die Schatten
   der Alten,
Die purpurnen Martern, Klage eines großen Geschlechts
Das fromm nun hingeht im einsamen Enkel.

Denn strahlender immer erwacht aus schwarzen Minuten des
15   Wahnsinns
Der Duldende an versteinerter Schwelle
Und es umfängt ihn gewaltig die kühle Bläue und die leuchtende
   Neige des Herbstes,

Das stille Haus und die Sagen des Waldes,
Maß und Gesetz und die mondenen Pfade der Abgeschiedenen.

Bertolt Brecht
1898-1956

VOM ARMEN B. B.

I

Ich, Bertolt Brecht, bin aus den schwarzen Wäldern.
Meine Mutter trug mich in die Städte hinein

der Abgeschiedene, -n *departed, deceased person*

der Flug, ⸚e *flight*

die Hütte, -n *hut, cabin* · sich versammeln *gather, assemble*
die Weide, -n *pasture, meadow* · das Reh, -e *deer*
das Dunkle *darkness* · besänftigen *appease, soothe* · das Plätschern *splash, murmer* · der Bach, ⸚e *brook* · feucht *damp* · der Schatten, — *shadow*
läuten (*poet.*) *ring, bob up and down*
dämmern *grow dark* · die Stirn *forehead* · sinnen, a,o *contemplate, muse*

leuchten *glow, burn, light up* · das Gute *goodness*
der Friede, -n *peace* · das Mahl *meal* · heiligen *consecrate, sanctify*
nächtig *nocturnal*
dornig *thorny* · die Wanderschaft, -en *travelling, journey*
beseelen *animate, inspire* · die Bläue *blueness, azure*

umfangen, i,a *embrace*
die Marter, -n *torture, torment* · die Klage, -n *lamentation* · das Geschlecht, -er *generation, family*

fromm *pious, humble* · einsam *lonely* · der Enkel, - *grandchild*

strahlen *radiate* · der Wahnsinn *madness, frenzy*

der Duldende, -n *patient sufferer* · versteinern *petrify* · die Schwelle, -n *threshold*
gewaltig *powerful* · leuchten *glow, radiate* · die Neige, -n *wane, decline.*

die Saga, -n *legend, saga*
das Maß, -e *measure* · das Gesetz, -e *law* · mondene Pfade (*poet*) *moon-paths*

hineintragen, u,a *carry into*

Als ich in ihrem Leibe lag. Und die Kälte der Wälder
Wird in mir bis zu meinem Absterben sein.

2

In der Asphaltstadt bin ich daheim. Von allem Anfang
Versehen mit jedem Sterbsakrament:
Mit Zeitungen. Und Tabak. Und Branntwein.
Mißtrauisch und faul und zufrieden am End.

3

Ich bin zu den Leuten freundlich. Ich setze
Einen steifen Hut auf nach ihrem Brauch.
Ich sage: es sind ganz besonders riechende Tiere
Und ich sage: es macht nichts, ich bin es auch.

4

In meine leeren Schaukelstühle vormitttags
Setzte ich mir mitunter ein paar Frauen
Und ich betrachte sie sorglos und sage ihnen:
In mir habt ihr einen, auf den könnt ihr nicht bauen.

5

Gegen abends versammle ich um mich Männer
Wir reden uns da mit „Gentleman" an
Sie haben ihre Füße auf meinen Tischen
Und sagen: es wird besser mit uns. Und ich frage nicht: wann.

6

Gegen Morgen in der grauen Frühe pissen die Tannen
Und ihr Ungeziefer, die Vögel, fängt an zu schrein.
Um die Stunde trink ich mein Glas in der Stadt aus und schmeiße
Den Tabakstummel weg und schlafe beunruhigt ein.

7

Wir sind gesessen ein leichtes Geschlechte
In Häusern, die für unzerstörbare galten
(So haben wir gebaut die langen Gehäuse des Eilands Manhattan
Und die dünnen Antennen, die das Atlantische Meere unterhalten).

8

Von diesen Städten wird bleiben: der durch sie hindurchging, der Wind!
Fröhlich machet das Haus den Esser: er leert es.

der Leib, -er *womb*
das Absterben *death*

daheim *at home* · der Anfang, ⸚e *beginning*
versehen, a,e *provide, equip*
die Zeitung, -en *newspaper* · der Branntwein, -e *liquor, brandy*
mißtrauisch *distrustful, suspicious* · faul *lazy, idle* · zufrieden *contented, satisfied*

aufsetzen *put on*
steifer Hut *bowler hat* · der Brauch, ⸚e *custom*
besonders *especially* · riechen, o,o *smell* · das Tier, -e *animal*
es macht nichts *it doesn't matter*

leer *empty* · der Schaukelstuhl, ⸚e *rocking-chair*
mitunter *sometimes*
sorglos *unconcerned, carefree*
bauen auf . . . *rely upon, count on*

gegen *toward* · versammeln *gather, collect*
sich anreden *address one another*

die Frühe, -n *early morning, dawn* · die Tanne, -n *pinetree*
das Ungeziefer, — *vermin* · schreien, ie, ie *cry, make noise*
wegschmeißen, i,i *fling away, throw away*
der Tabakstummel, — *cigar stump* · beunruhigen *worry*

leichtes Geschlecht *frivolus breed, insignificant generation*
gelten für *be considered, supposed to be* · unzerstörbar *indestructible*
lange Gehäuse *tall boxlike buildings*
dünn *tenuous, thin* · unterhalten, ie,a *entertain*

fröhlich *cheerful* · leeren *empty*

Wir wissen, daß wir Vorläufige sind
Und nach uns wird kommen: nichts Nennenswertes.

9

Bei den Erdbeben, die kommen werden, werde ich hoffentlich
Meine Virginia nicht ausgehen lassen durch Bitterkeit
Ich, Bertolt Brecht, in die Asphaltstädte verschlagen
Aus den schwarzen Wäldern in meiner Mutter in früher Zeit.

ERINNERUNG AN DIE MARIE A.

1

An jenem Tag im blauen Mond September
Still unter einem jungen Pflaumenbaum
Da hielt ich sie, die stille bleiche Liebe
In meinem Arm wie einen holden Traum.
Und über uns im schönen Sommerhimmel
War eine Wolke, die ich lange sah
Sie war sehr weiß und ungeheuer oben
Und als ich aufsah, war sie nimmer da.

2

Seit jenem Tag sind viele, viele Monde
Geschwommen still hinunter und vorbei
Die Pflaumenbäume sind wohl abgehauen
Und fragst du mich, was mit der Liebe sei?
So sag ich dir: Ich kann mich nicht erinnern.
Und doch, gewiß, ich weiß schon, was du meinst
Doch ihr Gesicht, das weiß ich wirklich nimmer
Ich weiß nur mehr: Ich küßte es dereinst.

3

Und auch den Kuß, ich hätt' ihn längst vergessen
Wenn nicht die Wolke dagewesen wär
Die weiß ich noch und werd ich immer wissen
Sie war sehr weiß und kam von oben her.
Die Pflaumenbäume blühn vielleicht noch immer
Und jene Frau hat jetzt vielleicht das siebte Kind
Doch jene Wolke blühte nur Minuten
Und als ich aufsah, schwand sie schon im Wind.

Vorläufige *preliminary existences*
das Nennenswerte *thing worth mentioning*

das Erdbeben, — *earthquake*

verschlagen, u,a *be cast away, go astray*

die Erinnerung, -en *reminiscence, memory*

der Mond, -e (*poet.*) *month*
der Pflaumenbaum, ⸚e *plum tree*
bleich *pale*
hold *lovely, charming*

die Wolke -n *cloud*
ungeheuer oben *exceedingly high*
nimmer *no longer*

abhauen *cut down*

gewiß *certainly*
das Gesicht, -er *face*
dereinst *once, at some time in the past*

blühen *flower, bloom*

schwinden, a,u *fade, vanish, disappear*